Dietmar Marker

Buch

Die Griechen nannten ihn Eros, die Römer Cupido, und
wehe dem, der von einem seiner Goldpfeile getroffen
wurde: er verliebte sich in die nächste Person, auf die sein
Blick fiel. Die Liebe, das wußten schon die alten Griechen,
ist eine große Macht, mit der nicht zu spaßen ist; sie kann
beglückend sein, aber auch zerstörend.

Und ihre Erscheinungsformen sind zahlreich: wild und
stürmisch wie zwischen Ares und Aphrodite; lüstern wie
bei Pan, der den Nymphen nachstellte; sehnsuchtsvoll und
verzehrend wie zwischen Pyramus und Thisbe; treu und
sittsam wie Penelopes Liebe zu Odysseus; tragisch wie
Orpheus' Sehnsucht nach Eurydike; selbstzerstörerisch wie
Narcissus' Liebe zu sich selbst; abgeklärt und ruhig wie die
Gefühle zwischen Philemon und Baucis. Was läge näher, als
daß Luciano De Crescenzo, der »lachende Philosoph aus
Neapel«, sich der großen Liebesgeschichten aus dem antiken Griechenland annimmt und sie auf seine unnachahmli-
che Art neu erzählt. Natürlich darf der Leser nicht nur auf
die Nacherzählung der alten Mythen gespannt sein, sondern
auch auf allerlei Anekdoten und Anekdötchen aus dem ganz
modernen (italienischen) Alltag. Gelten nicht die Italiener
geradezu als Experten auf dem Gebiet der Liebe? Und unter den Italienern wiederum die Neapolitaner – wenigstens
De Crescenzos augenzwinkernder Behauptung zufolge?

Autor

Luciano De Crescenzo, in Neapel geboren, arbeitete als
Ingenieur bei IBM, bis der überwältigende Erfolg seines
ersten Buches »Also sprach Bellavista« sein Leben radikal
veränderte.

Im Knaus Verlag bereits erschienen:

»Helena, Helena, amore mio«, »Im Bauch der Kuh«, »Meine
Traviata«, »Alles fließt, sagt Heraklit« sowie »Die Kunst
der Unordnung«. Die beiden ersten Bücher sind auch als
Goldmann-Taschenbücher lieferbar.

Bei btb bereits erschienen:

»Lob des Zweifels«, »Meine Traviata« sowie »Alles fließt,
sagt Heraklit«.

Luciano De Crescenzo

Von der Macht der Liebe

Geschichten aus der Antike

Deutsch von Bruno Genzler

btb

Die italienische Originalausgabe erschien 1991
unter dem Titel »I Miti dell' Amore«
bei Arnoldo Mondadori Editore, Mailand

Umwelthinweis:
Alle bedruckten Materialien dieses Taschenbuches
sind chlorfrei und umweltschonend.

btb Taschenbücher erscheinen im Goldmann Verlag,
einem Unternehmen der Verlagsgruppe Bertelsmann.

1. Auflage
Deutsche Erstveröffentlichung April 1998
Copyright © 1991 by Luciano De Crescenzo
First published by Arnoldo Mondadori Editore, Milano, 1991
Copyright © der deutschsprachigen Ausgabe 1998
beim Wilhelm Goldmann Verlag GmbH, München
Umschlaggestaltung: Design Team München
Umschlagmotiv: AKG, Berlin
Satz: IBV Satz- und Datentechnik GmbH, Berlin
CV · Herstellung: Augustin Wiesbeck
Made in Germany
ISBN 3-442-72152-0

INHALT

Vorwort   7

  I Liebeskunst   10

  II Symposion   32

  III Der Mythos von Narcissus   49

  IV Die Besucher der Unterwelt   62
     Er   62
     Theseus   68
     Odysseus   70
     Orpheus   87

  V Der Mythos von Protesilaos   99

  VI Der goldene Esel   113
     Das Märchen von Amor und Psyche   117

  VII Vom Pech, zu schön zu sein   145
     Der Mythos von Adonis   145
     Der Mythos von Thitonos   150
     Der Mythos von Pyramus und Thisbe   153

     Literaturverzeichnis   158

VORWORT

Würde man heute auf der Straße eine Umfrage durchführen und die Leute nach Prometheus, Jason oder Protesilaos fragen, erhielte man als Antwort aller Wahrscheinlichkeit nach bloß ziemlich vage Auskünfte oder gar ratloses Kopfschütteln. Andererseits könnten uns die Angesprochenen sicher alles über die Helden von Fernsehserien wie *Reich und schön* oder *Denverclan* erzählen. Offenbar hat unter den mythischen Persönlichkeiten eine Wachablösung stattgefunden: Adonis und Aphrodite sind abgetreten und haben Ridge und Sue Allen Platz gemacht. Doch wenn wir etwas genauer darüber nachdenken, wird uns schnell klar, daß die griechische Mythologie aus unserem alltäglichen Wortschatz gar nicht wegzudenken ist. Wie oft hört man zum Beispiel Urteile wie »das ist ein furchtbarer Narziß«, »der hat doch einen Ödipuskomplex« oder »das war eine regelrechte Tantalusqual«, ohne daß der Betreffende jedoch zu sagen wüßte, wer denn nun Narcissus und Ödipus überhaupt waren oder was Tantalos so Unerhörtes angestellt hatte, um mit diesen Qualen bestraft zu werden.

Für die griechische Mythologie begann ich mich schon im zarten Alter von vier Jahren zu interessieren. Mein Vater hatte mir damals ein Buch mit dem Titel *Die unvergänglichen Sagen der Götter und Helden* geschenkt, ein Werk, das ich immer aufbewahrt habe und an dem ich, wie man sich leicht denken kann, so stark hänge wie Linus an seiner Schmusedecke. Mit vier konnte ich natürlich noch nicht lesen. Daher beschränkte ich mich darauf, mir die Zeichnungen anzuschauen, mit denen die Mythen illustriert waren. Zu meinen Lieblingsbildern zählte das von Kronos, der einen in Windeln gewickelten Stein hinunterschlingt, weil er ihn für Zeus, seinen Letztgeborenen, hält.

Mythen (und selbstverständlich nicht nur die griechischen) sind die älteste Erzählform, von der wir Kenntnis haben. Doch wie entstanden diese Mythen? Sie sind Ausdruck einer bestimmten historischen Epoche, eines gesellschaftlichen Umfelds, in dem die Person des Helden die allerhöchste Wertschätzung genoß.

Der grundlegende Unterschied zwischen den klassischen Mythen und denen der heutigen Zeit liegt darin, daß sich damals eine mündliche Tradition und nicht wie heutzutage Boulevardblätter und Illustrierte um das Privatleben der Helden kümmerte. Doch der Kern ist der gleiche geblieben, denn nicht zufällig bedeutet ja »Mythos« im Griechischen »Erzählung«.

In der Epoche zwischen dem 9. und dem 6. Jahrhundert vor Christus gab es noch kein Fernsehen, und die Griechen vertrieben sich abends die Zeit damit, »irgendeinem Homer« zu lauschen, das heißt einem Geschichtenerzähler, der für einen Teller guter Suppe von den Abenteuern der Götter und Helden berichtete. Da diese Erzähler aber nicht den ganzen Reichtum der Mythen auswendig lernen konnten, spezialisierten sie sich auf einzelne Sagen, die sie ausschmückten und weiterspannen – der Ursprung der Fortsetzungsgeschichten – und die dann mündlich vom Vater auf den Sohn weitergegeben wurden.

An diese schöne Tradition möchte ich nun anknüpfen, wobei ich einerseits als Mythenerzähler sozusagen in Homers Fußstapfen treten, andererseits aber auch die klassischen Autoren, die uns diese Mythen überliefert haben, selbst ausführlich zu Wort kommen lassen will.

Das große Thema dieses Büchleins ist die Liebe. Doch bevor wir uns im einzelnen den Liebesmythen in ihren nur allzuoft tragischen Verwicklungen zuwenden, wollen wir uns anfangs, sozusagen als Einstimmung, etwas genauer anschauen, welche Vorstellungen die Menschen der Antike überhaupt mit der Liebe verbanden. Darüber sollen uns ein »Praktiker« und ein »Theoretiker« Auskunft geben: zunächst der römische Dichter Ovid, der uns mit seiner *Liebeskunst* einen höchst unterhaltsamen Ratgeber zum Themenkreis »Wie man eine Frau rumkriegt« bzw. »Wie Frau einen Mann austrickst« hinterlassen hat. Dann der griechische Philosoph Platon, in dessen *Symposion* die Geistesriesen Athens anläßlich eines Saufgelages über erotische und platonische Liebe, Treue und Untreue, Liebeskummer, Knabenliebe usw. debattieren.

L. D. C.

Die Liebeskunst

Die Griechen nannten ihn Eros, die Römer Cupido, und sowohl erstere als auch letztere stellten ihn als nackten, gelockten kleinen Jungen von vielleicht fünf Jahren dar.

Doch ein braver Junge war das nicht. Im Gegenteil, er war boshaft, heimtückisch und unbarmherzig. Wenn er sich ein Opfer ausgesucht hatte, egal ob Gott oder Sterblicher, gab es kein Entrinnen mehr: Der oder die Betreffende verliebte sich in das erstbeste Wesen, das ihm oder ihr über den Weg lief. Nun verhielt es sich so, daß der durchtriebene Gauner zwei verschiedene Sorten Pfeile in seinem Köcher hatte, nämlich Gold- und Bleipfeile (*duo tela pharetra diversorum operum...*): Mit ersteren rief er Liebe wach, mit letzteren Ablehnung. Weil Apollon ihm einmal wie einem unartigen Kind die Leviten gelesen hatte, schoß Eros dem mächtigen Gott aus Rache einen goldenen Pfeil mitten in die Brust, was diesem nicht nur bestialische Schmerzen bereitete, sondern auch dazu zwang, sich in die Nymphe Daphne zu verlieben, die ihrerseits von einem bleiernen Pfeil getroffen worden war.

Über Eros' Eltern und die Umstände seiner Geburt herrscht noch heute Unklarheit. Für manche gilt er als Sohn der Aphrodite und des Ares, für andere der Aphrodite und des Hermes, wieder für andere als Kind des Chaos und der Nacht. Einige sehen in ihm sogar den Schöpfer des Universums, denn er sei aus einem silbernen Ei, das aus dem Nichts auftauchte, ausgeschlüpft und habe gleich darauf den Himmel und die Erde, die Sonne und den Mond erschaffen. Wieder andere halten ihn für einen Zwitter mit goldenen Flügeln und vier Köpfen, einem Löwen-, einem Kuh-, einem Schlangen- und einem Widderkopf, die entsprechend brüllen, muhen, zischen und blöken. Welche allegorische Bedeutung all diese Köpfe haben sollen? Keine Ahnung! Das sind so die Geheimnisse der Mythologie.

Die Vertreter der These »Eros, der aus dem Chaos geborene Stammvater« führen an, daß ohne die Liebe rein gar nichts entstehen könne und Eros daher unbestreitbar der erste gewesen sein müsse, der die Weltbühne betrat. Die Befürworter der gegenteiligen These werfen ein, daß Sex ohne Liebe allein schon bei weitem ausreiche, um jedwedes Wesen entstehen zu lassen. Ein Einwand, der sich mit Zeus selbst eindrucksvoll belegen läßt: Im ganzen Olymp wimmelte es von Kindern des Göttervaters, die dieser durch En-gros-Verführungen von Göttinnen, Nymphen und sterblichen Damen aus gutem Hause in die Welt setzte. So muß man wahrscheinlich anerkennen, daß im Ursprung allein der Sex regierte und erst danach mit Eros und seinen gefürchteten Pfeilen das Zeitalter der Liebe anbrach.

Doch wollen wir nun diese Auseinandersetzung zunächst einmal beiseite lassen und uns etwas genauer jener Frage zuwenden, der wir hier auf den Grund gehen wollen: Ist Liebe eine Kunst oder etwas Natürliches, Instinktives, das sich so aufs Geratewohl ohne spezielle Vorbereitung ausüben läßt?

Zu diesem Problem hat uns Ovid eigens ein Werk hinterlassen: *Ars amatoria* oder »Handbuch des perfekten Latin Lovers«. Tatsächlich ist dem römischen Dichter zufolge die erfolgreiche Ausübung der Liebeskunst ähnlich schwierig, wie einen Streitwagen zu lenken oder in einer stürmischen Nacht mit dem Schiff in einen Hafen einzulaufen. Mit anderen Worten: So wie für einen Führerscheinanwärter der Besuch einer Fahrschule unerläßlich ist, kann niemand, so behauptet Ovid, der ein Meister in der Liebe werden will, auf das Lesen der *Liebeskunst* verzichten. Sie glauben mir nicht? Nun, hier die ersten Verse seines Werkes:

Kunst steuert Schiffe, die mit Segel und Ruder angetrieben werden, Kunst lenkt leichte Wagen, Kunst muß auch Amor lenken. Automedon ging geschickt mit Wagen und geschmeidigen Zügeln um, Tiphys war auf dem Argonautenschiff Steuermann. Mich hat Venus zum Lehrmeister für den zarten Amor bestellt.
(vgl. Ovid: *Ars amatoria. Liebeskunst*, Erstes Buch, Verse 2–8)

Zunächst stellt er einmal klar, welche Ziele sich der Lehrling in der Liebe setzen sollte . . .,

Erstens bemühe dich, einen Gegenstand für deine Liebe zu finden. Die nächste Aufgabe ist, das Mädchen deiner Wahl durch Bitten zu erweichen; die dritte, der Liebe lange Dauer zu verleihen.
(vgl. ebda., I, 35–38)

. . . um dann sogleich zu den praktischen Ratschlägen überzugehen:

Der Jäger weiß wohl, wo er für die Hirsche die Netze spannen soll, er weiß wohl, in welchem Tal der zähneknirschende Eber sich aufhält; den Vogelstellern sind die Büsche bekannt; der Mann, der die Angelrute hält, weiß, in welchen Gewässern viele Fische schwimmen; du auch, der du jemand für eine lange währende Liebe suchst, lerne zuvor, wo schöne Mädchen in großer Zahl zu finden sind!
(vgl. ebda., I, 47–50)

Und wo findet man Orte mit vielen hübschen Mädchen? Ovid hat da keinen Zweifel: in Rom natürlich.

Dir wird Rom so viele und so schöne Mädchen geben, daß du sagst: »Diese Stadt hat alles, was es je auf der Welt gegeben hat.« Wieviel Saatfelder Gargara, wieviel Reben Methymna, wieviel Fische das Meer, wieviele Vögel das Laub birgt, wieviel

Sterne der Himmel, so viele Mädchen hat dein Rom! In der
Stadt ihres Aeneas hat seine Mutter Venus ihr Standquartier
aufgeschlagen. Lockt dich die früheste noch heranwachsende
Jugend, werden dir wirkliche Mädchen unter die Augen kom-
men; begehrst du eine junge Frau, werden dir tausend zufal-
len. Du wirst die Qual der Wahl haben! Und wenn dich viel-
leicht das reife und weisere Alter erfreut, so wird auch diese
Schar, glaube mir nur, mehr als zahlreich sein!
(vgl. ebda., I, 55–66)

Nach der Lobpreisung der Stadt Rom kommt Ovid nun auf
die Orte zu sprechen, wo seiner Meinung nach die Jagd am
aussichtsreichsten ist:

So wie Ameisen in langem Zuge dicht durcheinanderwim-
meln, wenn sie ihre Körner im Munde befördern, oder wie
Bienen von Blüte zu Blüte schwärmen, wenn sie ihre duften-
den Weideplätze erreicht haben, so eilen fein herausgeputzte
Frauen zu den gutbesuchten Spielen. Sie kommen ins Thea-
ter, um zu schauen, jedoch auch, um angeschaut zu werden.
Ja, das Theater ist ein gefährlicher Ort für Scham und Keusch-
heit.
(vgl. ebda., I, 93–100)

Ovid beschenkt seine Leser mit einer detaillierten Auflistung
aller Orte in der Stadt, die sich am besten zum Anbandeln
eignen:

Auch die Marktplätze sind – wer könnte es glauben? – für
die Liebe geeignet. Und auf dem Forum hat es so manchem
wortreichen Redner die Sprache verschlagen: denn die Liebe
trifft ihn plötzlich, wenn er es am wenigsten erwartet. Und
über ihn lächelt Venus vom benachbarten Tempel. Wer eben
noch Anwalt war, begehrt nun, Klient zu sein.
(vgl. ebda., I, 79–88)

Laß dir auch nicht die Rennen der edlen Pferde entgehen:
Viele Vorteile bietet der Zirkus mit seiner Menschenmenge.
Du brauchst weder durch Fingerzeichen geheime Mitteilun-
gen zu machen noch durch Winke ein Signal zu empfangen.
Wähle dir deine Dame und laß dich ungehindert neben ihr
nieder; schmiege deine Seite immerfort, so eng du kannst, an
die ihre. Und es ist gut, daß die Schranke dich zwingt, zu ihr
zu rücken, selbst wenn du es nicht wolltest; das Gesetz des
Ortes verlangt, daß du das Mädchen berührst. Versuche nun,
ein Gespräch anzuknüpfen. Dazu genügen ganz alltägliche
Worte. Du kannst sie, als eifriger Liebhaber der Spiele, zum
Beispiel fragen, wessen Pferde jetzt kommen. Und ergreife un-
verzüglich die Partei dessen, dem ihre Gunst gilt, ganz gleich,
wer es sein mag. Aber wenn der Festzug mit seinen zahlrei-
chen elfenbeinernen Götterbildern aufmarschiert, so rate ich
dir dringend: Klatsche vor allem unserer lieben Frau Venus
hingebungsvoll Beifall. Und wenn zufällig – wie es häufig ge-
schieht – ein wenig Staub in den Schoß des Mädchens fällt, so
ist es an dir, ihn mit den Fingern abzuschütteln. Auch wenn
kein Staub fällt, schüttele das Nichts dennoch fort.
(vgl. ebda., I, 135–151)

Auch Gastmähler mit gedeckten Tischen eröffnen dir einen
Zugang. Wein macht das Herz bereit und für die Glut der Lei-
denschaft empfänglich: Durch viel unvermischten Rebensaft
entflieht die Sorge und löst sich auf. Dann kommt das La-
chen, dann spielt der Arme plötzlich den Stier. Dann schwin-
den Schmerz, Sorgen und Runzeln von der Stirn, und eine in
unserer Zeit so seltene Ehrlichkeit öffnet die Herzen, da der
Gott alle Künstelei verjagt. Bei Gastmählern haben Mädchen
oft die Herzen junger Männer geraubt, denn Venus im Wein
ist wie Feuer im Feuer.
(vgl. ebda., I, 237–244)

Im Original klingen Ovids Worte noch schöner: *Et Venus in*
vinis, ignis in igne fuit. Bekanntlich ist ja das gute alte Latein

oft genug eleganter als modernere Sprachen. Hier in diesem Fall ist es besonders die Assonanz *Venus* und *vinis*, die den Reiz der Verse ausmacht.

Nun, da er alle geeigneten Orte durchgegangen ist, kommt er auf die passende Angriffsstrategie zu sprechen und betont zunächst, daß es nicht immer vorteilhaft sei, sein Begehren offen zu zeigen. In vielen Fällen sei vielmehr Gleichgültigkeit die erfolgversprechende Strategie.

Ich bin sicher, wären wir Männer uns einig, bei keiner mehr den ersten Schritt zu tun, so gibt sich die Frau schon geschlagen und wird die Rolle der Werbenden spielen. Auf den saftigen Wiesen muht dem Stier sein Weibchen zu, und den Hengst wiehert immer die Stute an.
(vgl. ebda., I, 277–280)

Jedoch bei weitem nicht immer, so muß auch Ovid eingestehen, liegen die Dinge für den Mann so einfach. Trotzdem, auch dann soll er einen Versuch wagen.

Also ans Werk, und zögere nicht, es bei allen Frauen zu versuchen! Auch jene, die sich verweigern, freuen sich immerhin, daß man um sie warb.
(vgl. ebda., I, 346–349)

Ovid rät dringend dazu, sich Verbündete zu suchen. So liegt es zum Beispiel nahe, sich mit einer Magd der Angebeteten anzufreunden.

Sie wird dir den Zugang erleichtern. Sieh zu, daß sie die engste Beraterin deiner Dame und eine völlig zuverlässige Mitwisserin für verschwiegene Scherze sei. Bestich sie durch Versprechungen und durch Bitten. Sie wird den Zeitpunkt auswählen (auch Ärzte achten ja auf die rechte Zeit), da das Herz ihrer Gebieterin zugänglich und leicht zu erobern ist. Morgens, wenn sie ihrer Herrin das Haar kämmt, wird sie ihr von dir

erzählen, überzeugende Worte hinzufügen und schwören, du sterbest vor wahnsinniger Liebe. Du fragst mich, ob es nützlich sei, auch die Dienerin selbst zu verführen? Nun, nicht unbedingt, denn du gehst ein großes Risiko ein. Doch wenn sie schön ist, kannst du es versuchen. Doch denke daran, zuerst die Herrin zu gewinnen, dann laß die andere folgen. Du darfst beim Venusdienst nicht mit der Magd beginnen.
(vgl. ebda., I, 353–385)

Aber damit ist es natürlich noch nicht getan:

Du mußt den Verliebten spielen und seine Schmerzen mit Worten nachahmen; darin strebe mit aller Kunst nach Glaubwürdigkeit. Und es ist nicht schwer, Glauben zu finden. Jede hält sich für liebenswert. Mag sie auch abgrundtief häßlich sein, einer jeden gefällt die eigene Gestalt. Auch keusche Herzen erquickt das Lob der Schönheit; auch Jungfrauen pflegen ihre Erscheinung und freuen sich daran. Wäre dem nicht so, warum schämen sich Juno und Pallas dann noch immer, vor dem Urteil des Paris nicht bestanden zu haben?
(vgl. ebda., I, 611–626)

Und sei im Versprechen nicht ängstlich; Versprechungen ziehen Mädchen an. Und rufe als Zeugen dafür nach Belieben Götter an. Jupiter lacht aus der Höhe über die Meineide der Liebenden und läßt sie bedeutungslos vom äolischen Südwind verwehen.
(vgl. ebda., I, 631–634)

Nach dieser unverblümten Aufstachelung zur Lüge erwartet Ovid von seinem Schüler wohl eine empörte oder zumindest zögerliche Reaktion und hat seine Entgegnung schon parat: Auch die Frauen lügen, sagt er. Ja, normalerweise lügen sie sogar öfter und hemmungsloser als die Männer!

Betrügt sie, die euch betrügen! So soll es sein. Denn größtenteils sind sie, die Frauen, ein unheiliges Volk; laßt sie in die Schlingen gehen, die sie euch gelegt haben! Nur Mut, mögen die Frauen erleiden, was sie uns angetan haben. Auch Tränen sind nützlich, laß sie, wenn du kannst, deine Wangen feucht sehen. Wenn dir Tränen fehlen (denn sie kommen nicht immer im richtigen Augenblick), berühre die Augen mit angefeuchteter Hand.
(vgl. ebda., I, 645–662)

Dies sind die Tips und Hinweise zur erfolgreichen Eroberung, mit denen Ovid seine Schüler (das heißt, die Männer) im ersten Teil seiner *Ars amatoria* versorgt. Im zweiten Teil hingegen erläutert er alle nur denkbaren Strategien, die hilfreich sein können, um einer Liebe Dauer zu verleihen. Er sagt: »Nun, da ihr mit meiner Hilfe die Kunst erlernt habt, eine Frau für euch zu gewinnen, sollt ihr durch mich auch die Kunst erlernen, sie fest an euch zu binden.«

Betrachten wir zunächst einmal den Fall, daß eine habgierige Frau vom Mann ein besonders kostspieliges Geschenk verlangt. Laßt Vorsicht walten, rät Ovid, und denkt immer daran, daß es Frauen gibt, die euch mit ihren Wünschen in den Ruin treiben.

Wenn ein Händler mit der Zeit merkt, daß deine Frau eine wahre Verschwenderin ist, wird er dies sofort ausnutzen, um ihr in deinem Beisein seine Waren vorzulegen. Sie wird dich auffordern, diese zu besichtigen, um deinen guten Geschmack unter Beweis zu stellen; dann wird sie dir einen Kuß geben und dich schließlich bitten zu kaufen. Sie wird schwören, sich damit auf viele Jahre zufriedenzugeben, und dir erklären, jetzt brauche sie es dringend, jetzt kaufe man günstig. Nun gibt es keine Ausflucht mehr für dich: Auch wenn du vorschützt, kein Geld dabei zu haben, um zu bezahlen, so fordert sie einen Scheck – und du bedauerst, daß du schreiben gelernt hast.
(vgl. ebda., I, 421–428)

Ovid scheint demnach wirklich keine besonders gute Meinung von den Frauen seiner Heimatstadt gehabt zu haben. Doch wir können wohl davon ausgehen, daß der Dichter eher an die in Liebesdingen mit allen Wassern gewaschenen Kurtisanen denn an das züchtige römische Eheweib dachte, als er seine *Ars amatoria* schrieb.

Um die gottlosen Künste der Dirnen aufzuzählen, würden mir keine zehn Münder mit ebenso vielen Zungen reichen.
(vgl. ebda., I, 435–436)

Doch wie sollen es die Männer ohne gelegentliche Geschenke schaffen, eine Frau an ihrer Seite zu halten? Mit Worten, behauptet Ovid, nur mit Worten.

Ich bin Prophet für die Armen, weil ich selbst arm und verliebt war. Da ich keine Geschenke geben konnte, gab ich leere Worte.
(vgl. ebda., II, 165–166)

Krieg führe mit den Parthern, mit der eleganten Freundin halte Frieden. Scherze mit ihr und tue alles, was zum Lieben anstiftet. Ist sie zu dir, dem Liebhaber, nicht freundlich und liebenswürdig genug, ertrag es und harre aus; später wird sie sanft sein. Durch Nachgiebigkeit kann man den Zweig am Baume krumm biegen. Du zerbrichst ihn jedoch, wenn du deine Kraft an ihm erprobst. Nachgiebigkeit zähmt gar Tiger und numidische Löwen; nur allmählich läßt sich der Stier vor den Pflug spannen.
(vgl. ebda., II, 175–184)

Gib ihr nach, wenn sie sich sträubt: Durch Nachgeben wirst du den Sieg davontragen. Daß du mir ja die Rolle spielst, die sie dir zuweist! Mißbilligt sie etwas, so mißbillige es; alles, was sie gut heißt, heiße gut. Lächelt sie, lächle zurück, weint sie, vergiß nicht zu weinen.
(vgl. ebda., II, 197–201)

Sagt sie dir, du sollst ihr irgendwohin entgegeneilen, so verschiebe alles andere. Lauf, und laß dich von keinem Gedränge aufhalten. Fehlt dir ein Fahrzeug, mach dich schleunigst zu Fuß auf den Weg. Die Liebe ist eine Art Kriegsdienst!
(vgl. ebda., II, 225–230)

Diese Neigung zur Nachgiebigkeit mag bei einem Mann wie Ovid vielleicht überraschen. Doch schauen wir uns die Sache etwas genauer an, stellen wir fest, daß es sich hier nicht um Nachgiebigkeit handelt, sondern um zynische Geringschätzung des angeblich geliebten Menschen. Der gute Ovid möge es mir nicht krumm nehmen, doch ein Liebhaber, wie er ihn in seiner *Ars amatoria* beschreibt, würde in unserer heutigen Zeit schwerlich von einer Frau für voll genommen werden.

Aufrichtigkeit ist zum Beispiel eine Tugend, die unserem Dichter vollkommen unbekannt scheint. Hören wir, was er seinen Schülern rät:

Liegt dir viel daran, ein Mädchen an dich zu fesseln, so laß sie glauben, du wärest von ihrer Schönheit überwältigt. Trägt sie Purpur, so wirst du ihren purpurnen Mantel loben; geht sie in koischen Gewändern, finde, daß diese ihr stehen; trägt sie Gold, versichere ihr, daß sie dir kostbarer ist als Gold. Und steht sie bloß in der einfachen Tunika da, so rufe begeistert: »Du setzest mich in Flammen!«
(vgl. ebda., II, 295–301)

Moves incendia lautet der Satz, den wir Ovid zufolge jedesmal begeistert ausrufen sollen, wenn die Geliebte in Alltagskleidern vor uns tritt.

Es ist wohl unnötig, hier weiter alle taktischen Spielchen aufzuzählen, zu denen Ovid rät. Kommen wir jetzt lieber direkt zu den Versen, in denen er das heikle Thema »Untreue« behandelt. Für Ovid macht es einen großen Unterschied, ob der Mann oder die Frau dem anderen Hörner aufsetzt. Was den Mann angeht, hat Ovid keine Zweifel: Betrügen ist eine Kunst.

Leugne beharrlich, leugne immer, wenn von dem, was du gut verbargst, doch irgendwie etwas ans Licht kommt, mag es auch offenbar sein. Dann sollst du weder unterwürfig noch schmeichelnder als sonst sein, denn dieses Benehmen zeugt eindeutig von Schuldbewußtsein. Aber schone deine Lenden nicht, von einer einzigen Sache hängt der ganze Friede ab: Nur durch das Beilager kannst du den Verdacht entkräften, du hättest vorher bei einer anderen geschlafen.
(vgl. ebda., II, 409–414)

Schließe sie sogleich in deine Arme, laß sie an deiner Brust weinen, gib ihr Küsse, solange sie noch weint, und schenk ihr vor allem die Freuden der Liebe. Friede wird sein; allein auf diese Weise schmilzt der Zorn dahin. Ist sie so recht in Wut und erscheint sie dir als ausgemachte Feindin, dann fordere das Bündnis im Bett, und sie wird sanft sein.
(vgl. ebda., II, 457–462)

Danach stellt Ovid einen Vergleich an zwischen den von roher Gewalt geprägten prähistorischen Zeiten und seiner zivilisierten römischen Welt, in der die Spielregeln der Liebe gelten.

Am Anfang aller Dinge war eine verworrene Masse ohne Ordnung, und ein und dasselbe Bild boten Sterne, Land und Meer, bis eines Tages der Himmel über die Erde gestülpt und das Land vom Meer umgürtet wurde. Der Wald bekam Tiere, die Luft Vögel, und die Fische versteckten sich im klaren Wasser. Der Mensch jedoch irrte in wüsten Gefilden umher und gehorchte allein roher Gewalt. Der Wald war sein Haus, Kräuter seine Speise und Laub sein Lager. Es war dann die Sinneslust, die die trotzigen Seelen besänftigte: Frau und Mann hatten sich an ein und demselben Ort eingefunden. Was sie

*zu tun hatten, lernten sie selbst ohne einen Lehrmeister. Zu
jener Zeit war die Kunst des Liebens noch unbekannt, und
dennoch konnte Venus ihr süßes Werk vollenden.*
(vgl. ebda., II, 467–480)

*Du aber reiche dem zornigen Weibe starke Arznei! Diese al-
lein schenkt Ruhe vom wilden Schmerz, es gibt keinen anderen Weg zur Versöhnung. Ihr beizuwohnen ist die beste Arznei, wirksamer noch als die Säfte des Machaon.*
(vgl. ebda., II, 489–490)

Doch Liebe, so muß auch Ovid eingestehen, bedeutet nicht
immer den Himmel auf Erden. Viel häufiger sogar ist sie mit
Leid und Schmerz verbunden.

*Für Liebende gibt es nur wenig Erfreuliches und viel mehr
Schmerzliches. Darum mögen sie sich vor Augen halten, daß
sie viel ertragen müssen. Wieviel Hasen auf dem Athos gra-
sen, wieviel Bienen in Hybla schwärmen, wieviel Beeren
der bläuliche Baum der Pallas trägt, wieviel Muscheln am
Strande liegen, so viele Schmerzen gibt es in der Liebe; die
Pfeile, die uns treffen, sind mit viel Galle getränkt.*
(vgl. ebda., II, 515–519)

Und ein Mann, der ein perfekter Liebhaber werden will, muß
sich auf einiges gefaßt machen. Auf so etwas zum Beispiel:

*Man wird dir vielleicht sagen, daß deine Geliebte ausgegan-
gen sei, dabei siehst du sie durch ein Fenster mit eigenen
Augen im Haus: Und doch ist es besser für dich, daran zu
glauben, daß sie wirklich ausgegangen ist und du Gespen-
ster siehst. Obwohl dir die Nacht versprochen wurde, bleibt
dir die Tür verschlossen: Ertrag es, dich sogar auf schmutzigen Erdboden zu betten und auf sie zu warten. Und wenn du
dann die grausame Frau lange Zeit angefleht hast und die Lä-
den dennoch geschlossen bleiben, so lege die Rose, die dein*

Haupt ziert, vor ihrem Eingang nieder. Und halte es für keine Schande, von dem Mädchen Beschimpfungen und Schläge zu erdulden und dafür ihre zarten Füße zu küssen.
(vgl. ebda., II, 521–534)

Daß solch eine devote Haltung der geliebten Frau gegenüber nicht von Herzen kommen kann, sondern ein hohes Maß an Selbstverleugnung erfordert, muß Ovid ein paar Verse später selbst eingestehen:

In dieser Kunst, das muß ich bekennen, bin ich nicht vollkommen – was hilft es? Ich bleibe hinter meinen eigenen Ermahnungen zurück. Soll wirklich jemand meiner Geliebten vor meinen Augen ein Zeichen geben, und ich soll das dulden und mich nicht vom Zorn zu allem Möglichen hinreißen lassen? Zuweilen ist es besser, nichts zu wissen. Darum, ihr jungen Männer, rate ich euch dringend: Verzichtet darauf, eure Geliebten auf frischer Tat zu ertappen!
(vgl. ebda., II, 547–557)

Und um seine Ansicht zu untermauern, erzählt Ovid nun die berühmte Geschichte von Hephaistos, der seine Frau Aphrodite zusammen mit Ares im Bett erwischt. Kurz zusammengefaßt wird in diesem Mythos berichtet, wie der hinkende, erfindungsreiche Gott vom Ehebruch seiner Frau Wind bekommt und daraufhin ein stabiles, jedoch unsichtbares goldenes Netz über das gemeinsame Ehebett spannt. Nachdem er die Ehebrecher auf diese Weise in flagranti ertappt und im Bett gefangen hat, ruft er alle Götter des Olymps vor dem Tatort zusammen, damit sie sich mit eigenen Augen überzeugen, welch schändliches Weib seine Frau sei. Resultat: Hephaistos wird von seinen Götterkollegen ausgelacht und verhöhnt, und der Anblick der nackten Aphrodite erregt sogar Hermes und Poseidon.

Der Dichter beschließt das zweite Buch mit einer weiteren Lektion für die Männer in Sachen Heuchelei:

Halte vor allen Dingen den Mädchen ihre Fehler nicht vor!
Vielen Männern hat es schon genützt, sie nicht wahrhaben
zu wollen. Was du schwer erträgst, daran gewöhne dich; bald
trägst du es leicht, denn vieles wird die Zeit mildern. Finde die
passenden Worte, so kannst du jedes Übel lindern: Schielt sie
etwas, so heiße sie »Der Venus gleich«; sind ihre Augen grau-
gelb, so sage ihr, daß sie Minerva gleiche; stirbt sie fast vor
Magerkeit, sei sie schlank; ist sie dick, nenne sie vollschlank;
ist sie klein, nenne sie handlich. So sei jeder Fehler unter dem
möglichen Vorzug verborgen.
(vgl. ebda., II, 641–662)

Das dritte Buch seiner *Liebeskunst* widmet Ovid hingegen
ganz dem zarten Geschlecht, dem er hier, genau wie in den
ersten beiden Büchern den Männern, vom ersten bis zum letzten Vers gute Ratschläge erteilt. Vielleicht hat der Dichter
einige Skrupel bekommen, denn nachdem er anfangs derart
über die Frauen hergezogen ist, macht er nun einen Rückzie-
her und gibt bereitwillig zu, daß doch nicht alle weiblichen
Wesen gleich sind:

Hütet euch, den Vorwurf, der nur wenige trifft, auf alle auszu-
dehnen. Jede Frau möge nach ihren Verdiensten beurteilt wer-
den! So wie es eine Helena gab, die sich zu Recht schlimmste
Vorwürfe von allen Seiten zuzog, so gab es auch eine Pene-
lope, die treu war, während ihr Gatte zweimal fünf Jahre um-
herirrte und ebenso lange Krieg führte.
(vgl. ebda., III, 9–16)

Warum also nicht auch den Frauen die Strategien der Liebe
näherbringen?

Waffen habe ich den Danaern gegen die Amazonen gegeben,
nun muß ich auch noch dir, Penthesilea, und deiner Schar
Waffen geben. Zieht gleich stark in den Krieg, und siegen mö-
gen diejenigen, denen der fliegende Knabe eher gewogen ist.
(vgl. ebda., III, 1–4)

Das Wichtigste zuerst:

In erster Linie: Wascht euch! Reinigt euer Gesicht jeden Morgen mit ganz frischem Wasser und spült euren Mund, daß eure Zähne nicht durch Saumseligkeit braun werden. Laßt den Geruch des trotzigen Bocks nicht unter die Achselhöhlen kommen und die Beine nicht von borstigen Härchen rauh sein.
(vgl. ebda., III, 193–198)

Schönheit ist eine Gottesgabe, doch wie wenige können sich rühmen, schön zu sein? Ein großer Teil von euch hat diese Gabe nicht. Wenn die jungen Frauen der Vorzeit ihren Körper nicht so pflegten, so lag das daran, daß sie auch keine so gepflegten Männer hatten. Trug Andromache grobe Hemden – was Wunder? War sie doch die Frau eines rauhen Soldaten. Hättest du, Weib des Ajax, etwa aufgetakelt vor ihm, der Tag und Nacht sieben Stierhäute trug, erscheinen sollen? Mögen jene Menschen des Altertums andere erfreuen, ich preise mich glücklich, daß ich erst jetzt geboren bin.
(vgl. ebda., III, 103–122)

Nun läßt unser Dichter ein paar praktische Schminktips folgen:

Durch eine dünne Schicht Kreide gelingt es euch, eine weiße Hautfarbe zu bekommen. Eine Frau hingegen, die keine roten Wangen hat, erlangt sie durch künstliches Rot. Durch Kunst auch füllt ihr die kahlen Stellen zwischen den Augenbrauen aus, und ein kleines Schönheitspflästerchen verhüllt die echten Wangen. Schämt euch nicht, die Augen mit feiner Asche oder Krokus zu untermalen. Freilich möge der Liebhaber keine Schminktöpfchen erwischen, die auf dem Tisch herumliegen. Nur eine Kunst, die sich zu verbergen weiß, hilft der Schönheit auf. Und ich möchte es auch nicht gutheißen, wenn ihr in Anwesenheit des Liebhabers Hirschmark verwendet oder die Zähne putzt; diese Dinge werden euch zwar Schönheit verleihen, aber häßlich mitanzusehen sein. Vieles

ist häßlich, während es geschieht, und gefällt, wenn es geschehen ist. Angemessener ist es daher, dich erst sehen zu lassen, nachdem die letzte Hand angelegt ist.
(vgl. ebda., III, 199–228)

Euer Haar sei niemals ungeordnet. Ein Handgriff kann ihm die rechte Form verleihen, aber auch nehmen. Es gibt auch mehr als nur eine Haartracht; eine jede möge auswählen, was ihr steht, und vorher ihren Spiegel befragen. Ein längliches Gesicht verträgt gut einen klaren Scheitel. So war Laodameia frisiert. Ein rundes Gesicht verlangt, daß die Haare auf dem Kopf zu einem Knoten zusammengebunden werden, so daß die Ohren frei sind. Das Haar der einen möge auf beide Schultern herabwallen, eine andere möge das Haar zurückbinden nach Art der hochgeschürzten Diana, wie sie es zu tun pflegt, wenn sie ängstliches Wild jagt.
(vgl. ebda., III, 133–144)

O wie großmütig, ihr Frauen, hilft die Natur eurer Schönheit nach. Wie oft werden wir Männer mit der Zeit unserer Haare beraubt, während ihr Frauen das graue Haar mit germanischen Kräutern euch färbt, und nicht selten verschafft euch die Kunst eine schönere Farbe, als es die echte ist.
(vgl. ebda., III, 159–164)

In der Kleidung rät Ovid zu einem nicht zu auffallenden, aber auch nicht zu bescheidenen Stil.

Es ist die schlichte Eleganz, die uns verführt, keine teuren Besätze und auch keine kostbare Wolle, die mit der tyrischen Purpurschnecke rot gefärbt ist. Was ist es für ein Wahnsinn, sein Vermögen am Körper zu tragen, da so viele preisgünstigere Farben aufgekommen sind? Sieh hier die Farbe der Luft, wenn sie wolkenlos ist, dort das dunkle Blau, das die Meereswellen nachahmt und, so glaube ich, auch jene Farbe ist, die die Nymphen so lieben. Jene Farbe wirkt wie Krokus; in einen

Krokusmantel hüllt sich die Morgenröte, wenn die taufrische Göttin die Rosse einspannt, die den Tag bringen. Diese Farbe gleicht dem purpurnen Amethysten, jene den Myrten von Paphos, den weißen Rosen, dem Braun der Eicheln oder den helleren Tönen der Mandeln. Ja, wie viele Blumen die junge Erde hervorbringt, wenn im warmen Frühling die Rebe Knospen ansetzt und der träge Winter entflohen ist, so viele oder noch mehr Säfte schluckt die Wolle. Suche du bestimmte Farben aus, denn nicht jede wird zu allen passen. Dunkle Farben stehen Schneeweißen: Der Brisëis stand Dunkles; als sie geraubt wurde, trug sie ein dunkles Gewand. Weiß steht Dunkelhäutigen: Cepheus' Tochter, in Weiß erregtest du Gefallen, in solcher Kleidung betratest du Seriphos.
(vgl. ebda., III, 169–191)

Kommen wir nun zu den Benimmregeln, bei denen sich Ovid als wahrer Kenner zeigt. Er weiß, wie eine feine Dame sich zu setzen hat, wie zu essen, zu trinken, zu gehen, zu lachen, am Triklinium zu liegen und vieles weitere mehr. Er erklärt, daß es bei einem Gespräch auf den richtigen Ton ankommt und daß einige grundlegende Fertigkeiten beherrscht werden müssen, um in einer Gesellschaft glänzen zu können.

Wenn du klein bist, so sitze, damit du nicht zu sitzen scheinst, wenn du stehst. Und strecke dich wohl aus am Triklinium, so klein du auch sein magst. Sieh zu, daß deine Füße unter dem darüberliegenden Gewand verborgen sind, damit man, wenn du daliegst, deine Größe nicht abschätzen kann.
(vgl. ebda., III, 263–267)

Eine, die einen lästigen Mundgeruch hat, rede niemals, solange sie noch nicht gegessen hat, und halte immer Abstand zum Munde des Mannes. Hast du schwarze oder zu große oder schief gewachsene Zähne, so wirst du durch Lachen den größten Schaden davontragen. Lachen will gelernt sein, und auch in dieser Beziehung streben die Mädchen nach Anmut: Öff-

net den Mund nicht zu weit und seid bestrebt, das Zahnfleisch mit den Lippen zu bedecken. Wohin wagt die Kunst sich nicht vor? Man lernt gar, mit Anstand zu weinen, man schluchzt, wann und wie man will. Ja, man betrügt den Laut sogar um seinen ihm zustehenden Klang, und die Zunge lallt auf Befehl.
(vgl. ebda., III, 277–294)

Lernt, euch mit damenhaftem Schritt zu bewegen, denn auch der Gang trägt zur Anmut sein Teil bei. Er lockt Männer an, oder er vertreibt sie. Die eine bewegt kunstvoll die Hüften, läßt ihre Gewänder im Winde wallen und setzt stolz die gestreckten Füße auf; die andere stapft daher wie die rotbackige Gattin eines umbrischen Bauern und macht weitausladende Riesenschritte. Aber wie in vielen Dingen möge auch hier Maß herrschen. Die eine Bewegungsart wird bäurisch, die andere weichlicher sein als erwünscht.
(vgl. ebda., III, 298–306)

Ebenso wichtig ist die Stimme, denn ein harmonisches Organ kann als Kupplerin in Liebesdingen dienen. Es gab einst Sirenen, Meerungeheuer, die mit melodischer Stimme selbst die schnellsten Schiffe aufhielten. Als Odysseus sie hörte, hätte er sich beinahe von den Fesseln, die er sich angelegt hatte, befreit. Nur dank seiner Gefährten, die ihre Ohren mit Wachs verstopft hatten, gelang es ihm nicht.
(vgl. ebda., III, 311–316)

Mädchen sollen singen lernen, Harfe spielen und natürlich tanzen. Denn Tanzkünstler, die Augenweide der Schaubühne, erregen Liebe, so großen Reiz hat die Bewegungskunst.
(vgl. ebda., III, 352–356)

Und nun läßt sich Ovid von seinem eigenen Spiel mitreißen. Mit fliegenden Fahnen wechselt er zur Seite der Frauen über, verrät ihnen die geeignetsten Orte, um sich zur Schau zu stellen, und verteilt mit vollen Händen seine kleinen Tips und Hinweise.

Euch, ihr schönen Mädchen, sind Menschenansammlungen nützlich. Setzt oft euren schweifenden Fuß vor die Schwelle. Wer würde Danae kennen, wäre sie immer eingeschlossen und bis ins Alter in ihrem Turm verborgen geblieben? Eine schöne Frau hat die Pflicht, sich dem Volke zu zeigen. Vielleicht wird unter den vielen einer sein, den sie sich angeln kann. An allen Orten möge sie verweilen, eifrig darauf bedacht zu gefallen: Wirf deinen Angelhaken immer aus, früher oder später wird jemand anbeißen.
(vgl. ebda., III, 415–426)

Liebe duldet keinen Aufschub, behauptet Ovid, sogar eine Beerdigung kann schon ein neuer Anfang sein. Denn: *Funere saepe viri vir quaeritur* – »bei der Bestattung eures Mannes sucht ihr oft einen neuen Mann« (ebda., III, 431). Nun aber einige Hinweise zum richtigen Verhalten auf Festen.

Komme immer zu spät, und mit Anmut halte Einzug beim Lampenlicht. Erwartung macht dein Kommen kostbar, Erwartung ist die beste Kupplerin. Bist du auch häßlich, wirst du Betrunkenen doch schön erscheinen. Nimm die Speisen ruhig mit den Fingerspitzen, doch verschmiere dir nicht das ganze Gesicht mit unsauberer Hand. Aber höre auf zu essen, bevor du satt bist: Iß etwas weniger, als du essen kannst. Das gleiche gilt für den Wein. Trinke nur, soweit dein Kopf es verträgt und Verstand und Füße nicht versagen; du sollst Einfaches nicht doppelt sehen!
(vgl. ebda., III, 751–764)

Neben den zahlreichen detaillierten Ratschlägen kommt Ovid allerdings auch auf die Frage zu sprechen, die das weibliche Geschlecht am brennendsten interessieren dürfte: Wie soll eine Frau sich verhalten, wenn ihr ein Mann, der ihr gefällt, den Hof macht? Soll sie ihm nachgeben oder ihn auf Distanz halten? Und was ist, wenn sie sich dazu entschließt, sich ihm hinzugeben? Soll sie es dann sofort bei den ersten Annäherungsversuchen tun oder lieber ein wenig warten, damit sich das Begehren ihres Verehrers noch steigert? Der Dichter scheint in dieser Frage keine klare Linie zu finden. Zunächst plädiert er noch dafür, sich gehenzulassen, um dann plötzlich seine Meinung zu ändern und zu kühler Standfestigkeit zu raten.

Genießt das Leben, solange Venus euch begeistert. Denkt schon jetzt an das nahende Alter, so wird euch keine Zeit ungenützt verstreichen. Scherzt, solange es möglich ist und ihr noch euer wirkliches Alter angebt; gehen doch die Jahre dahin wie fließendes Wasser. Die Stunde, die verrann, kann nicht wiederkehren. Mit eilendem Fuße gleitet die Lebenszeit vorüber, und es wird die Zeit kommen, da du, die du jetzt die Liebenden aussperrst, kalt als Greisin auf verlassenem Nachtlager liegen mußt. Wehe dir, wie schnell wird dein Körper schlaff und faltig. Darum folgt dem Beispiel der Göttinnen und verweigert eure Gunst nicht den Männern, die euch begehren. Auch wenn sie euch betrügen, was verliert ihr schon? Alles bleibt euch, wenn sie auch tausendfach nehmen. Eisen nützt sich ab, Kiesel werden durch den Gebrauch kleiner, doch die Stelle, die ihr Frauen habt, läßt keine Einbuße befürchten. Sage mir, was verlierst du schon beim Liebesspiel außer dem Wasser, das du danach benutzt?
(vgl. ebda., III, 61–96)

Es empfinde die Frau die Liebe, gelöst bis ins innere Mark, und gleich groß sei die Lust für beide. Tausendfältig sind die Spiele der Venus; für uns am wenigsten mühsam ist es, wenn sie halb zurückgelehnt und nach rechts geneigt daliegt. Schmeichelnde Worte und liebliches Flüstern sollen nicht aufhören, und mitten im Spiel sollen dreiste Reden nicht verstummen. Auch du Unglückliche, der die Natur den Sinn für die Liebe versagt hat,

täusche mit trügerischen Lauten süße Freude vor. Nimm dich
dabei nur in acht, dich nicht zu verraten. Mach es durch Be-
wegungen und Blicke glaubwürdig, offenbare, was dir Freude
macht, durch Laute und das Keuchen des Mundes.
(vgl. ebda., III, 787–803)

Fordert Ovid hier seine Leserinnen auf, ihre Lust frei aus-
zuleben, so legt er ihnen an anderer Stelle eine viel größere
Zurückhaltung ans Herz...

Verzug stachelt Liebe immer an, vorausgesetzt, er dauert nicht
gar zu lange. Aber versprich dem Werbenden weder, er werde
bei dir leichtes Spiel haben, noch schlage ihm hart und herb
seine Bitten ab. Laß ihn fürchten und zugleich hoffen.
(vgl. ebda., III, 473–477)

..., um ihnen danach sogar eine gewisse Grausamkeit dem
Liebhaber gegenüber zu empfehlen:

Was man mühelos bekommt, ist eine schlechte Nahrung für
lange Liebe. Man muß unter die frohen Liebesspiele ab und
zu eine Zurückweisung streuen. Laß ihn vor deiner Türe lie-
gen, »o grausame Pforte« klagen und viele flehende, viele dro-
hende Reden halten. Liebliches Los vertragen wir nicht; laß
bitteren Saft uns verjüngen: Oft geht ein Kahn unter, weil
allzu günstige Winde ihn versenken. Aus diesem Grund wer-
den viele Ehefrauen nicht geliebt: Die Männer können zu ih-
nen kommen, wann sie wollen. Laß eine Tür dazwischen sein,
und der Pförtner sage mit unerbittlicher Miene: »Du darfst
nicht.« Und dazu laß ihn spüren, daß er einen Nebenbuhler
hat und deine Liebesgunst mit einem anderen teilen muß.
(vgl. ebda., III, 579–593)

Dann wird Ovid aber klar, daß er gerade dabei ist, sich und
seinen Geschlechtsgenossen einen wahren Bärendienst zu er-
weisen, und er schüttelt über sich selbst den Kopf:

Wie weit lasse ich Rasender mich hinreißen? Was stürze ich mich mit nackter Brust unter die Feinde und verrate mich durch meine eigene Aussage? Zeigt doch der Vogel nicht den Vogelstellern, von wo aus er angegriffen werden kann, bringt doch die Hirschkuh den feindseligen Hunden nicht das Laufen bei. Doch nun ist es schon geschehen: So will ich das Begonnene treulich zu Ende führen und den Amazonen die Schwerter liefern, die mich töten. Allein wichtig ist nur, daß man sage: »Ovid war mein Lehrmeister.«

(vgl. ebda., III, 667–672)

II

Das Symposion

Um das Thema Liebe ging es auch bei einem berühmt gewordenen abendlichen Gastmahl, das vor zweitausendvierhundertsieben Jahren (möglicherweise auch ein Jährchen früher oder später) im Hause des Tragödiendichters Agathon stattfand. Anlaß war der Sieg des Gastgebers bei einem Dichterwettstreit. Ihm zu Ehren hatten sich folgende illustre Persönlichkeiten eingefunden: Phaidros, Eryximachos, Pausanias, Aristophanes, Sokrates und Aristodemos. Später traf dann auch noch Alkibiades mit seinem Gefolge ein. Und alles, was bei dieser Gelegenheit geredet wurde, hat Platon Wort für Wort in einem seiner schönsten Dialoge festgehalten: dem *Symposion*.

Frei übersetzt bedeutet »Symposion« soviel wie »Festmahl«. Ein ordentliches griechisches Festmahl verlief nun nach einem ziemlich starren Schema: zunächst wusch man sich die Hände, dann trugen Sklaven das Essen auf, anschließend wurden wieder die Hände gewaschen, um dann einem Flötenspieler zu lauschen. Der Clou jedoch war das Finale, genauer, der Zeitpunkt, wenn man vom Essen zum Weintrinken und Reden überging. Alle Gäste setzten sich, vielleicht zu Apollons Ehren, einen Lorbeerkranz aufs Haupt und einigten sich auf das Thema des Abends. Der Wein war in den meisten Fällen ordentlich gestreckt, zum einen, weil er recht teuer war, zum anderen auch, weil man unverdünnten Wein für das reinste Gift hielt. Wieviel Wasser man nun dem Wein beimischte, war unterschiedlich: es schwankte zwischen einem Dreiviertel Wasser auf ein Viertel Wein und drei Teilen Wasser auf zwei Teile Wein (jedoch nur für den Fall, daß man sich betrinken wollte).

Der Dialog im *Symposion* beginnt damit, daß sich Aristodemos und Sokrates zufällig in Athen auf der Straße begegnen, nach Platons Worten einer jener Straßen, die »zum Reden und Umherwandeln wie geschaffen scheinen«.

Aristodemos erblickte Sokrates gewaschen und mit Sandalen unter den Füßen, was bei ihm selten vorkam, und er fragte ihn daher, wohin er denn ginge, daß er sich so schön gemacht hätte. Und jener antwortete:

»Zum Gastmahl bei Agathon. Denn gestern, als er den Wettstreit gewann, bin ich ihm ausgewichen aus Furcht vor dem Gewühl. Ich sagte ihm aber zu, heute zu kommen. Und nun habe ich mich so herausgeputzt, um schön zu einem Schönen zu kommen. Doch sag mir, Aristodemos, was hältst du davon, ungeladen mitzugehen zum Gastmahl?«

Und Aristodemos antwortete:

»Sehr gern, wenn du es wünschst.«

Und Sokrates darauf:

»So begleite mich denn, damit auch wir das Sprichwort bekräftigen können, das da lautet: ›Zur Tafel der Großen kommen die Großen auch ungeladen.‹«

(vgl. Platon: *Symposion*, Verse 174 a)

Tatsächlich lautete das Sprichwort etwas anders, nämlich: »Zur Tafel der Niedrigen kommen die Großen ungeladen.« Da jedoch das griechische Wort *agathos* auch »edel und gut« bedeutet, ließ sich Sokrates die Gelegenheit zu einem Wortspiel nicht entgehen. Doch egal ob groß oder niedrig, jedenfalls ließ sich der junge Aristodemos nicht zweimal bitten, und so können wir aus diesem kurzen Wortwechsel schon ersehen, daß es auch in der Antike schon das Problem mit den ungeladenen Gästen gab, die im Sinne von »die, die mitessen« »Parasiten« genannt wurden.

Vor Agathons Haustür angekommen, bat Sokrates Aristodemos, schon mal vorzugehen, da er selbst noch ein paar Dinge zu überdenken habe. Daraufhin blieb der Philosoph mitten auf der Straße stehen, erstarrte praktisch zur Salzsäule und begann nachzudenken. Für Sokrates war es keineswegs ungewöhnlich, sich auf diese Weise von der Außenwelt abzuschotten. Man erzählte sich sogar, daß er sich einmal so eine ganze Nacht um die Ohren geschlagen habe, und zwar barfuß im Schnee stehend. Diesmal, anläßlich des Symposions, ließ er es jedoch bei ein paar Stunden bewenden und traf beim Festmahl ein, als die anderen Gäste schon bei Obst und Käse angelangt waren.

Da sagte Agathon zu ihm: »Hierher, Sokrates, lege dich zu mir, damit ich durch deine Nähe etwas von der Weisheit erlange, die dir vor meiner Tür zuteil geworden ist.«

»Das wäre vortrefflich«, antwortete Sokrates sogleich, »wenn es mit der Weisheit so wäre, daß sie, wenn wir einander nahten, wie Wasser aus dem Volleren in den Leereren überflösse. Doch müßte ich mich, wenn es sich so verhielte, doch eher mit deiner Weisheit anfüllen, da die meinige nur etwas gar Schlechtes und Unsicheres ist. Die deinige hingegen ist glänzend und hat großes Gedeihen, erlaubte sie es dir doch zuletzt gar, vor mehr als dreißigtausend Zeugen alle anderen Dichter zu übertreffen.«
(vgl. ebda., 175 d)

Offensichtlich nahm Sokrates hier den guten Agathon ein wenig auf den Arm, was diesem auch nicht entging, denn er antwortete ziemlich eingeschnappt:

»Du bist ein Spötter, Sokrates. Aber das von der Weisheit wollen wir gleich miteinander ausfechten und den Dionysos zum Schiedsrichter nehmen. Jetzt aber begib dich zunächst ans Speisen.«
(vgl. ebda., 175 e)

Als die Flötenspielerin den Raum verlassen hatte, ergriff Eryximachos das Wort.

»Wenn ihr einverstanden seid«, sagte der berühmte Arzt, »schlage ich vor, die Liebe zum Thema des Abends zu machen. Möge ein jeder von uns, rechts herum, eine schöne Lobrede auf den Eros vortragen, und Phaidros soll zuerst anfangen, da er ja auch den ersten Platz einnimmt.«
(vgl. ebda., 177 d)

Und so begannen sie, nacheinander ihre Reden zu halten. Phaidros muß damals noch ein Jüngling gewesen sein, und wahrscheinlich war es für ihn auch das erste Symposion. Daher hielt er sich in seinem Urteil merklich zurück und beließ es bei allgemeineren Betrachtungen.

»Eros ist ein mächtiger Gott, bewundert von Göttern und Menschen, besonders seines Ursprungs wegen. Denn wir können ihn als den ältesten Gott betrachten, wie uns auch der Dichter Hesiod bestätigt, der erzählt, Eros sei als erster dem Chaos entstiegen. Und so wie Eros unsere Bewunderung gilt, bewundern wir auch die Liebenden, da sie Mut finden zu der von den Göttern am höchsten geschätzten Tat: der Aufopferung für den geliebten Menschen. Ja, gar füreinander sterben mögen Liebende allein, und nicht Männer nur, sondern auch Frauen. So wie Alkestis, die Tochter des Pelias, für ihren Gatten sterben wollte, obwohl dieser noch Vater und Mutter hatte, welche sie aber weit übertraf an Opfermut durch die Liebe. Und so behaupte ich, daß der Liebende göttlicher ist als der Geliebte, weil in ihm der Gott ist.«
(vgl. ebda., 170 a–180 b)

Danach kam die Reihe an Pausanias, einen Freund Platons, nicht zu verwechseln mit einem anderen Pausanias, dem berühmten Autor der *Reisen in Griechenland*.

»Nicht recht gut, o Phaidros, scheint der Gegenstand unserer Reden bestimmt zu sein. Denn du sprichst, als gäbe es nur einen Eros. Nun aber gibt es nicht nur einen, und da dem so ist, ist es wohl richtiger, daß zuvor bestimmt werde, welchen man loben soll. Muß es nicht einen zweifachen Eros geben, da es doch auch zwei Aphroditen gibt? Die eine ist ja die ältere, die mutterlose Tochter des Uranos, welcher wir auch den Beinamen die Himmlische geben, und dann die jüngere, des Zeus und der Dione Tochter, welche wir auch die Gemeine nennen. Zu Recht trägt sie diesen Namen, denn ihre Liebe ist gar gewöhnlich, und jene, die sie anbeten, lieben den Körper mehr als den Geist. Und da sie solch ein bescheidenes Ziel sich setzen, kommen sie dazu, gerade die Dümmsten unter den Menschen zu lieben, und das sind nur zu oft die Frauen. Wer hingegen von himmlischer Liebe beseelt ist, zieht ihnen die Knaben vor, da sie stärker sind und klüger. Was nun aber eigentlich Sitte ist in bezug auf die Liebe, ist recht schwierig und verwickelt. In Elis nämlich und unter den Böotern gilt Knabenliebe als ehrenhaft, in Ionien aber und sonst an vielen Orten, wo man unter Barbaren wohnt, erklärt es die Sitte als schändlich. In Athen wiederum ist die Sache gar zwiespältig. Die Liebe zu Knaben scheint geduldet, ja ehrenhaft, doch tatsächlich bestellen die Väter Aufseher für ihre Söhne, und den begehrtesten Jünglingen wird es verboten, sich mit ihren Liebhabern zu unterhalten, so als täten sie Unrecht damit. Doch glaube ich, wie ich schon anfangs sagte, daß die Liebe an und für sich weder schön noch schändlich sei, sondern schön behandelt ist sie schön, anders aber schändlich.«
(vgl. ebda., 180 c–183 d)

Homosexualität und im besonderen die Knabenliebe war im antiken Griechenland etwas recht Normales, wie uns die Verse Alkmans von Sparta oder die der Dichterin Sappho von Lesbos zeigen. Nicht zufällig wird ja auch die Liebe zwischen Angehörigen des gleichen Geschlechts zuweilen als »griechische Liebe« bezeichnet. Bei den jungen Männern erfolgten die ersten sexuellen Annäherungen beim Ringen, für Frauen hingegen waren Tanzschulen der geeignetste Ort, um die Liebe kennenzulernen. Der Liebhaber, das heißt der ältere eines homosexuellen Paares, wurde *erastes* genannt, der Geliebte *eromenos*, Kinder (sowohl Jungen als auch Mädchen) *pais* und Jugendliche vom vierzehnten bis zum achtzehnten Lebensjahr *ephebos*. Die Ringkämpfe mit vollkommen entblößten Körpern boten den Jugendlichen reichlich Gelegenheit zur Kontaktaufnahme. Und so war auch häufig in den Vorhallen der Ringerschulen eine Statue des Gottes Eros zu finden, und nicht, wie man es eher hätte erwarten können, eine von Ares, dem Kriegsgott.

Nach Pausanias hätte eigentlich Aristophanes das Wort ergreifen sollen, doch ein hartnäckiger Schluckauf ließ ihn nicht dazu kommen. Der Komödiendichter bat daher den Arzt Eryximachos, für ihn einzuspringen oder, wenn möglich, ihn auf der Stelle mit einer Arznei von dem lästigen Schluckauf zu befreien. Die Sache mit Aristophanes' Schluckauf hat meine Bewunderung für Platon noch weiter gesteigert. Ich frage mich nämlich, welcher Philosoph heutzutage seine gelehrten Ausführungen zum Beispiel auf einem Kongreß unterbrechen würde, nur um vom Schluckauf eines Kollegen zu berichten.

»Ich will beides tun«, antwortete der Arzt, »ich will nämlich an deiner Stelle reden, und indes ich rede, wird dir vielleicht, wenn du nur recht lange den Atem anhältst, das Schlucken vergehen. Zum Thema Liebe habe auch ich meine eigenen Vorstellungen, die sehr eng mit meinem Tun, der Heilkunst, verbunden sind. Pausanias behauptet, es gebe zwei Arten der Liebe, womit er nicht ganz unrecht hat, doch würde ich darüber hinausgehen und sagen, daß es noch sehr viel mehr Formen der Liebe gibt. Liebe ist in allem, was ist, nicht nur in den Menschen, den Männern und Frauen, sondern auch in den Tieren und allen Gewächsen der Erde. Überall, wo es

*starke Gegensätze gibt (voll und leer, warm und kalt, süß
und bitter, feucht und trocken), sehe ich die Notwendigkeit,
dies miteinander zu versöhnen und zur Eintracht zu bringen.
Und wer anders als die Liebe könnte das bewirken? Die Heilkunst, meine Freunde, ist das Werkzeug des Gottes der Liebe,
und dies erkannt zu haben, verdanken wir unserem großen
Lehrmeister, dem göttlichen Asklepios. So die gemeine Liebe
uns zu Ausschweifung und Völlerei verleitet, ist es die himmlische, die in der Heilkunst das rechte Maß für unser Tun fest-
setzt.«*
(vgl. ebda., 185 d–188 d)

Eryximachos' letzter Satz ging in einem gewaltigen Niesen
unter, das dem Redner wahrscheinlich auch den verdienten
Beifall für seine Worte verwehrte. Denn alle wandten sich zu
Aristophanes, von dem das Niesen kam, und der Komödiendichter nutzte die Gelegenheit, um mit seiner eigenen Rede
zu beginnen.

*»Freilich hat das Schlucken aufgehört«, sagte er, »aber ist es
nicht seltsam, daß sich der große Gott der Liebe, von dem Eryximachos spricht, etwas so Banalem wie dem Niesen bedient,
um meinem Leib seine Harmonie wiederzugeben?«*

*»Sieh wohl zu, was du sagst«, erwiderte Eryximachos dar-
auf, »dein Fehler ist, daß du um jeden Preis witzig erscheinen willst. Du ziehst mich auf, und so bin ich wohl selbst
gezwungen, Aufpasser deiner Rede zu werden, damit ich er-
kenne, wann du scherzest und wann es dir ernst ist.«*

*»Wohl gesprochen, Eryximachos«, entgegnete Aristophanes
lachend, »doch sorge dich nicht, das Gesagte soll mir unge-
sagt sein. Doch zur Liebe habe ich ganz anderes zu reden
im Sinne, als ihr beide, du und Pausanias, gesprochen habt.
Denn mir scheinen die Menschen durchaus der wahren Kraft
des Eros nicht innegeworden zu sein. Zunächst aber müssen
wir die menschliche Natur und deren Entwicklung richtig
kennenlernen. Unsere ehemalige Natur war nämlich nicht*

dieselbe wie jetzt, sondern eine ganz andere. Im Ursprung gab es drei Geschlechter von Menschen, nicht wie jetzt nur zwei, männliches und weibliches, sondern es gab noch ein drittes dazu, welches das gemeinschaftliche war von diesen beiden: mannweiblich, zusammengesetzt aus dem Männlichen und dem Weiblichen. All diese Wesen waren doppelt, ihre Gestalt war rund, so daß Rücken und Brust im Kreise herumgingen, und sie hatten vier Hände und vier Schenkel und zwei Gesichter auf einem kreisrunden Hals, und zweifache Schamteile auch, zwei männliche nämlich die Männer, zwei weibliche die Frauen und ein männliches und ein weibliches die Mannweiblichen.

An Kraft und Stärke nun waren sie gewaltig und hatten auch große, doch hochmütige Gedanken, denn sie forderten die Götter heraus, so als wären sie ihnen gleichgestellt. Zeus und die anderen Götter beratschlagten nun, was zu tun sei, und wußten nicht, was. Denn es war nicht ratsam, sie zu töten, weil damit auch alle Ehrenbezeugungen und Opfergaben verlorengegangen wären. Nach vielen Mühen kam der Göttervater auf den Gedanken, alle Angehörigen der Geschlechter zu teilen, daß sie nur noch zwei Beine und ein Schamteil haben sollten. Sollten sie aber trotzdem mit ihrer Ausgelassenheit fortfahren, wollte er sie weiter zerschneiden, daß sie auf nur einem Bein gehen müßten wie Kreisel. Und so zerschnitt er sie alle, und Apollon heilte ihre Wunden, doch die Menschen wurden sehr unglücklich: Ein jeder sehnte sich nach seiner anderen Hälfte, und so kamen sie zusammen, umfaßten sich mit den Armen und schlangen sich aneinander in dem Begehren, wieder zusammenzuwachsen. Und dieses Verlangen und Trachten nach dem Ganzen heißt Liebe.«
(vgl. ebda., 189 a–191 d)

Nach Aristophanes war die Reihe an Agathon. Die Worte des Gastgebers können wir getrost zu jenen Reden zählen, in denen die Form bemerkenswerter als der Inhalt ist. Mit anderen Worten: Agathon hatte im Grunde wenig zu sagen. Ihm kam es lediglich darauf an, seine Gäste mit allerlei rhetorischem Schnickschnack zu beeindrucken, den gleichen Mitteln wahrscheinlich, mit denen er tags zuvor den großen Wettstreit gewonnen hatte. Dennoch wurde er zum Schluß mit einem langen Applaus belohnt. Agathon erhob sich, um sich zu bedanken, und gleich darauf ergriff Sokrates, der als einziger nicht applaudiert hatte, das Wort.

»Wußte ich doch, daß Agathons Worte mich in Bedrängnis bringen würden«, begann Sokrates mit betrübter Miene, »denn seine schöne und reich verzierte Rede hat mich gar an Gorgias, den großen Meister der Redekunst, erinnert, und vor Scham hätte ich beinahe die Flucht ergriffen. Denn als wir überein kamen, von der Liebe zu sprechen, dachte ich, ein jeder solle sich bemühen, das Wahre zu sagen, nicht aber um jeden Preis, auch den der Unwahrheit, eine Lobrede auf die Liebe zu halten. Meine Freunde, erwartet von mir nun kein Lob des Eros, weil ich dazu nicht imstande wäre. Was ich euch geben kann, ist meine Wahrheit zu unserem Thema.«

»Das eine«, erwiderte Eryximachos nun, »scheinst du mir recht gesprochen zu haben, daß Agathon nämlich gut geredet hat. Daß du selbst dich aber in Bedrängnis fühlen solltest, glaube ich nicht, auch wenn du es bei allen Göttern des Olymps schwören würdest. Nun denn, Sokrates, erzähle uns deine Wahrheit.«

»Es war eine Mantineerin namens Diotima«, hob Sokrates wieder an, »die mich in Liebessachen unterrichtete. Sie sagte mir, daß Eros kein Gott sei, sondern ein Dämon, ein Wesen, das zwischen den Göttern und den Sterblichen steht, zwischen diesen vermittelt und weder schön noch häßlich, weder wissend noch unwissend ist.«

»Du beleidigst die Götter«, brauste Agathon da auf, »wie kannst du dich zu der Behauptung versteigen, daß Eros kein Gott sei?«

»Es war Diotima, die so zu mir sprach«, versuchte Sokrates ihn zu beschwichtigen und fuhr fort: »Sie erzählte mir auch,

wer Eros' Vater und Mutter waren. An dem Tag nämlich, als
Aphrodite geboren wurde, hielten die Götter auf dem Olymp
einen großen Festschmaus, und unter den zahlreichen Gästen
war auch Poros, der Gott der List, oder, wenn ihr so wollt, der
Kunst des Sich-Durchschlagens. Als auch Penia, die Göttin
der Armut, Einlaß begehrte, wies man sie zurück, weil ihre
Kleidung gar zu zerlumpt war. So ließ sie sich vor der Tür
nieder, in der Hoffnung, später Reste des Festmahls zu erha-
schen. Poros aber sprach dem Nektar, denn Wein gab es da-
mals noch nicht, gar zu ausgiebig zu, und ging in den Garten
des Zeus hinaus, wo er sich schwer und müde schlafen legte.
Als Penia ihn am Boden liegend erblickte, kam ihr der Ge-
danke, ihn für sich zu gebrauchen. Denn sie sagte sich: ›Ich
bin die Göttin der Armut, und dies ist Poros, der gewitzteste
aller Götter. Wenn ich nun ein Kind mit ihm zeuge, muß sich
mein Schicksal doch zum Besseren wenden!‹ Und so legte sie
sich zu ihm, und aus der Verbindung der Göttin der Armut
mit dem Gott der Kunst des Sich-Durchschlagens entstand
der Gott der Liebe.«
(vgl. ebda., 198 a–203 c)

Ein langes Murmeln folgte den Worten des alten Philosophen.
Er hatte die Zuhörer in seinen Bann geschlagen, und natürlich
wollten sie nun mehr hören über diesen Gott der Liebe, der
so ganz anders war als der, von dem die Gäste des Festmahls
bisher gesprochen hatten. Sokrates ließ sich Zeit, nahm erst
einmal einen ordentlichen Schluck Wein, schaute sich dann
um, als wundere er sich darüber, daß seine Erzählung solch
eine Aufmerksamkeit erregt hatte, und fuhr dann fort, indem
er den Sohn des Poros und der Penia genauer beschrieb:

»Die Liebe ist zuerst immer arm und bei weitem nicht fein
und schön, wie die meisten glauben, vielmehr rauh, unan-
sehnlich, unbeschuht, ohne Behausung, auf dem Boden um-
herliegend und unbedeckt, schläft vor den Türen und auf den
Straßen im Freien und ist der Natur seiner Mutter gemäß im-

*mer der Armut Genosse. Und nach seinem Vater wiederum
stellt Eros dem Guten und Schönen nach, ist tapfer, keck und
rüstig, ein gewaltiger Jäger, allezeit Ränke schmiedend, nach
Einsicht strebend, sinnreich, sein ganzes Leben lang philoso-
phierend, ein arger Zauberer, Giftmischer und Sophist.«*
(vgl. ebda., 203 d)

Was sagt man dazu? Ist das nicht die exakte Beschreibung des
typischen neapolitanischen Gassenjungen, wie ihn der Photo-
graph Sommer auf seinen Daguerreotypien Ende des letzten
Jahrhunderts verewigt hat? *Unbedeckt, schläft vor den Türen und auf den Straßen im Freien, allezeit Ränke schmiedend und dem Guten und Schönen nachstellend.* Wie man
sich denken kann, wurde diese Beschreibung von den anderen Festgästen, die ein doch eher kitschiges Bild von der Liebe
hatten, nicht besonders wohlwollend aufgenommen. Als erster protestierte der jüngste der Gäste, Phaidros nämlich.

*»Wie soll es angehen, daß die Liebe nicht schön sei?« fragte
Phaidros.*

*»Waren es nicht deine eigenen Worte, o Phaidros, daß der
Liebende göttlicher ist als der Geliebte? Allein der, der geliebt
wird, hat Schönheit nötig. Denn wer liebt, kann auch ohne
sie auskommen, und da das Schöne auch das Gute ist, sucht
jener, der nach dem Schönen strebt, auch das Gute und wird
erst glücklich sein, so er es gefunden hat. Der Sinn der Liebe
ist die Erschaffung des Schönen.«*

*»So sagst du hiermit, o Sokrates, daß ich, wenn ich das
Schöne begehre, auch das Schöne zu schaffen vermag?«*

*»Ganz recht, o Phaidros, und mit dem Schönen bringst du
gleichzeitig auch das Gute hervor. Alle Sterblichen verlangen
danach, unsterblich zu werden, doch es gibt nur einen Weg,
wie ihnen das gelingt: indem sie Gutes und Schönes hervor-
bringen. Die Menschen scheuen keine Mühe, um sich der Unsterblichkeit zu versichern. Die einen, indem sie nach Ruhm
streben, andere, indem sie einem schönen Weibe beiwohnen,*

wieder andere aber durch die Fruchtbarkeit ihrer Seele, die
ihre Spuren hinterläßt in den Werken ihres Geistes. Und das
ist der richtige Weg: Er beginnt bei der Schönheit des Leibes
und führt dann, nach und nach, Stufe um Stufe, zur Schön-
heit der Seele, dem Guten schlechthin.«
(vgl. ebda., 206 c–211 c)

Es ist schon ein glänzender Gedanke, die Liebe als Frucht der
Verbindung zwischen der Armut und der Kunst des Über-
lebens zu sehen. Wir brauchen uns nur ein wenig in der
Welt umzuschauen, um zu erkennen, wie recht Sokrates
damit hat: zwischenmenschliche Kommunikation, Hilfsbe-
reitschaft, Bedürfnis nach einer *agorà*, alltägliches Teilen
von Freud und Leid, dies alles ist typisch für ärmere Gesell-
schaften, genauso wie umgekehrt der hohe Stellenwert der
Privatsphäre ein natürliches Kind des Reichtums ist. Sobald
eine Gesellschaft ein relativ hohes Pro-Kopf-Einkommen erreicht hat, wird die hartnäckige Verteidigung des erreichten
Wohlstandes das wichtigste Ziel. Jeder verbarrikadiert sich
in seinem luxuriösen Bunker und fängt an, seinem Nachbarn
zu mißtrauen. Ja, ihn überkommt sogar schon ein deutli-
ches Unbehagen, wenn er ihn nur im Aufzug zufällig trifft.
Aus diesem Blickwinkel betrachtet, nimmt das Symposion
das christliche Evangelium um vierhundert Jahre vorweg,
und ganz besonders das Paradoxon von dem Kamel und dem
Nadelöhr.

Was die Verbindung zwischen dem Schönen und dem Guten betrifft, betrachtet Platon die Liebe als eine Art Aufzug,
der, je höher er kommt, um so mehr wertvolle Mitfahrer findet: auf dem ersten Stock steigt die körperliche Liebe zu,
auf dem zweiten die geistige, auf dem dritten die Kunst, und
dann, nach und nach, die Gerechtigkeit, die Wissenschaft und
die wahre Erkenntnis, bis das oberste Stockwerk erreicht ist,
wo das absolute Gute wohnt.

Sokrates hatte seine Rede gerade beendet, als man plötzlich
den Lärm herumziehender Leute von der Straße her vernahm

und gleich darauf ein Pochen an der Tür und die Stimme einer Frau, vielleicht die einer Flötenspielerin, die Einlaß begehrte. Und Agathon befahl seinen Sklaven:

»Leute, geht keiner nachsehen? Und wenn es von näheren Freunden einer ist, so bittet ihn herein, wenn nicht, sagt nur, wir tränken nicht mehr und hätten uns schon schlafen gelegt.« Gleich darauf hörte man im Vorhaus Alkibiades' Stimme, der sehr trunken schien und von der Flötenspielerin gestützt werden mußte, damit er nicht fiel. Hinter ihm war eine Gruppe lärmender Saufkumpane, die laut durcheinanderschrien.

»Seid gegrüßt, Männer«, rief Alkibiades, »ihr werdet doch noch einen trunkenen Mann als Mittrinker aufnehmen. Denn ich bin gekommen, meinen Freund Agathon, diesen Weisesten und Schönsten aller Männer, mit dem Lorbeer zu krönen.«

Mit diesen Worten nahm er seinen Lorbeerkranz vom Haupt und wollte damit den Agathon krönen. Doch da er gar zu sehr schwankte, gelang es ihm nicht sogleich, und ihm entging auch, daß Sokrates neben Agathon saß. Der Gastgeber hieß ihn, sich niederzulegen, und erst jetzt wurde der junge Alkibiades des Meisters gewahr.

»Du hier, o Sokrates«, rief er aus, »und wieder einmal hast du es ausgesonnen, daß du neben dem Schönsten hier unter allen zu liegen kommst.«

Daraufhin wandte sich Sokrates an Agathon und sagte:

»Agathon, sieh zu, ob du mir beistehen kannst! Denn dieses Menschen Liebe hat mir schon zu gar nicht wenigem Verdruß gereicht. Denn seit der Zeit, da er sich in mich verliebte, darf ich nun gar nicht mehr irgendeinen Schönen ansehen, geschweige denn mit einem reden. Er ist gleich eifersüchtig und neidisch, stellt wunderliche Dinge an und schimpft, und kaum, daß er nicht Hand an mich legt. Also sieh zu, daß er nicht auch jetzt wieder etwas anstellt, sondern bringe uns auseinander, und wenn er Gewalt brauchen will, so hilf mir, denn

Alkibiades' Tollheit und sein verliebtes Wesen sind mir ganz schrecklich.«
(vgl. ebda., 212 d–213 d)

Eryximachos, der immer sehr auf Harmonie bedacht war, wagte daraufhin einen schüchternen Versuch, Alkibiades zu besänftigen, und sagte zu ihm:

»Höre Alkibiades, mein junger Freund, ehe du hereinkamst, machten wir aus, daß rechts herum der Reihe nach jeder eine schöne Lobrede auf den Eros halten sollte. Wir haben nun alle getrunken und gesprochen, der letzte aber war Sokrates. Da du aber auch schon mehr als genug getrunken hast, bleibt dir jetzt nur noch, deine Rede zu halten.«
(vgl. ebda., 214 c–214 d)

Was nun folgt, ist sicher mit der schönste Teil des Symposions. Einmal abgesehen von Alkibiades' Blickwinkel als Homosexuellem (der manchen Leser vielleicht sogar stören mag), ist es wirklich ergreifend zu sehen, welch große Liebe er zu seinem Meister hegt.

»Das will ich sogleich tun«, begann Alkibiades mit leiser Stimme, »doch sollte ich, o Sokrates, etwas Unwahres über dich sagen, so falle mir gleich ins Wort, und sage, daß ich lüge. Denn wissentlich werde ich nicht lügen.«
(vgl. ebda., 214 e)

Alkibiades machte eine lange Pause, um die Spannung bei seinen Zuhörern noch etwas zu erhöhen, und fuhr dann, auf Sokrates deutend, fort:

»Den Sokrates zu loben, ihr Freunde, will ich also versuchen, und dazu soll mir ein Bild dienen: Er ist nämlich äußerlich jenen Silenen ähnlich, welche die Bildhauer gewöhnlich mit Pfeifen oder Flöten darstellen. Und darunter vor allem dem

Marsyas, dem Feind Apollons. Daß du, Sokrates, nun dem Aussehen nach diesem ähnlich bist, wirst du wohl selbst nicht bestreiten, wie du ihm aber auch im übrigen gleichst, das höre nun. Du bist übermütig wie Marsyas, der Apollon herausforderte, und wenn du das selbst nicht eingestehst, will ich Zeugen beibringen. Und du bist ein Flötenspieler, ein noch besserer als er, denn wo er die Menschen durch sein Instrument bezauberte, erreichst du das gleiche durch bloße Worte. Weit heftiger als den vom Korybantentanz Ergriffenen pocht mir, wenn ich ihn höre, das Herz. Wenn ich dagegen den Perikles höre oder andere gute Redner, weiß ich wohl, daß sie gut sprechen, doch nur bei Sokrates gerät meine Seele in Unruhe, und Tränen werden mir ausgepreßt von seinen Reden. Und so mußte ich zuweilen gar mit Gewalt meine Ohren verstopfen wie vor dem Gesang der Sirenen und aufs eiligste fliehen. Ich laufe vor ihm davon, und wenn ich ihn dann wiedersehe, schäme ich mich. Oft wäre es mir lieber, er lebte gar nicht, und doch weiß ich, daß, wenn das geschähe, mir der Schmerz unerträglich wäre. Und er? Nun, er geht seiner Wege und bleibt von alldem unberührt. Es kümmert ihn nicht im mindesten, ob einer schön ist, noch ob einer reich ist oder irgendeinen der von den Leuten am meisten gepriesenen Vorzüge hat. Da ich nun aber glaubte, daß er sich ernstlich Mühe gäbe um meine Schönheit, hielt ich es für richtig, auf der Stelle alles zu tun, was nur Sokrates wünschte, und ihm aufmerksam zu lauschen bei allem, was er sagte. Denn ich bildete mir Wunder wieviel ein auf meine Schönheit. So schickte ich meinen Diener weg, um ganz mit ihm allein zu sein, und glaubte nun, er würde mir gleich solche Dinge sagen, die ein Liebhaber seinem Liebling in der Einsamkeit sagt. Hieraus wurde aber nichts, denn den ganzen Tag sprach er mit mir, wie er sonst auch mit mir spricht, und ging dann einfach fort. Ein anderes Mal forderte ich ihn auf, Leibesübungen mit mir anzustellen, um dadurch etwas zu erreichen. So rangen wir öfters zusammen, sehr eng und ohne jemandes Beisein. Und was soll ich sagen? Ich hatte nichts weiter davon. Da ich nun auf keine

Weise etwas gewann, entschloß ich mich, dem Mann mit Gewalt zuzusetzen. Also lud ich ihn zur Mahlzeit ein, ordentlich wie ein Liebhaber seinem Liebling nachstellt. Auch das gewährte er mir nicht einmal gleich, doch mit der Zeit ließ er sich überreden. Als er nun zum erstenmal da war, wollte er nach der Mahlzeit fortgehen, und damals schämte ich mich noch und ließ ihn. Ein andermal aber stellte ich es listiger an und sprach und trank mit ihm nach dem Mahl bis weit in die tiefe Nacht hinein, und als er nun gehen wollte, benutzte ich den Vorwand, daß es schon spät sei, und nötigte ihn zu bleiben. So ruhten wir nebeneinander in meinem Bett, und in dem Gemach war niemand sonst als wir. Bis hierher noch könnte man die Sache unbedenklich jedermann erzählen; vom folgenden aber kann ich nur berichten, weil ich hier um mich herum all meine Gefährten sehe, Phaidros und Agathon, Eryximachos und Pausanias, Aristodemos und Aristophanes, die ebenso wie ich behaftet sind mit dieser Wut und Schwärmerei für die Philosophie. Nun denn. Als ich das Licht gelöscht, dachte ich, nun dürfe ich nicht länger Umschweife mit ihm machen, sondern sagte gerade heraus, was ich vorhatte.

›Sokrates, schläfst du?‹

›Nicht recht‹, sagte er.

›Weißt du wohl, was ich gesonnen bin?‹

›Was denn?‹

›Ich denke, daß du der einzige meiner Liebhaber bist, der es wirklich wert ist, und doch zögerst du, ich weiß nicht, warum, dich mir zu erklären. Denn mir ist ja nichts wichtiger, als daß ich so trefflich werde als nur möglich, und hierzu, glaube ich, kann niemand mir mehr förderlich sein als du.‹

Und was glaubt ihr, hat Sokrates mir geantwortet? Recht spöttisch lachte er zunächst und sagte dann, wie es so seine Art ist, mit unschuldiger Miene:

›O guter Alkibiades, wenn ich dich recht verstanden habe, willst du mit mir in Gemeinschaft treten und deine Schönheit des Leibes gegen meine Schönheit, die des Geistes, austauschen. Nun, glaubst du nicht, mich damit zu übervorteilen,

so wie ein Händler, der Kupfer gegen Gold tauschen will, indem du für den bloßen Schein der Schönheit deren Wesen zu erlangen trachtest?‹

Bei diesen Worten konnte ich nicht länger an mich halten und legte mich unter seinen Mantel und versuchte, diesen göttlichen und in Wahrheit ganz wunderbaren Mann zu umarmen. Doch er wies mich zurück. So lag ich die ganze Nacht neben ihm, und als ich am Morgen aufstand, war nichts geschehen, so als wenn ich neben einem Vater oder älteren Bruder geruht hätte. Wie meint ihr, daß mir hierauf zumute gewesen, da ich einerseits gekränkt war und doch auch andererseits Sokrates' Besonnenheit und Tapferkeit, Weisheit und Beharrlichkeit nur um so mehr bewunderte? So wußte ich immer weniger, wie ich mich seinem Umgang entziehen, noch auch wie ich ihn für mich gewinnen könnte. Ratlos blieb ich und wie ein Sklave in der Gewalt eines Menschen, wie nie einer in der eines anderen gewesen ist. Und auch wenn ihr, meine Freunde, mich für trunken haltet, so zweifelt doch nicht an der Aufrichtigkeit meiner Worte. Ich widme sie dir, o Agathon, damit du dich nicht, so wie ich, von ihm täuschen läßt, sondern aus meinem Unglück lernst und immer auf der Hut bist!«

»So trunken scheinst du mir nicht zu sein, o Alkibiades«, erwiderte Sokrates, »ganz im Gegenteil, sonst würdest du nicht so geschickt zu verbergen suchen, daß du dies alles nur erzählt hast, um mich und den Agathon zu entzweien, indem du deine Warnung wie beiläufig ans Ende deiner Rede stellst.«

»Du hast recht, o Sokrates«, rief Agathon da aus, »und er hat sich nur deshalb zwischen dich und mich gelegt, um uns voneinander zu trennen. Er soll aber auch davon nichts haben, sondern ich will zu dir kommen und mich zu deiner Rechten legen.«

(vgl. ebda., 215 a–222 e)

So war das bei den alten Griechen beim Symposion.

III

Der Mythos von Narcissus

Als ich in den siebziger Jahren bei IBM in Neapel arbeitete, trug sich eine aufschlußreiche Begebenheit zu, von der ich hier kurz erzählen will. Die Firma hatte gerade ihren neuen Sitz in der Via Orazio bezogen, und alle Mitarbeiter waren begeistert von den prächtig gelegenen neuen Büroräumen. Es handelte sich um eins dieser schönen alten Häuser direkt am Golf von Neapel, und wir saßen im ersten und im letzten Stock, mit Blick auf das Viertel Mergellina und den Vesuv im Hintergrund, der so unglaublich nahe schien, als könne man ihn mit Händen greifen. Einziger Nachteil: ein »lahmer« oder, um es in der Firmensprache zu sagen, »der Dynamik des Unternehmens nicht angemessener« Aufzug. Das Gebäude war allerdings auch nur als Wohnhaus konzipiert und nicht auf das Hin und Her des alltäglichen Bürobetriebs ausgerichtet.

Nach kurzer Zeit schon hagelte es die ersten Proteste: Sowohl die sozusagen »zivilen« Bewohner als auch die Mitarbeiter von IBM haderten mit ihrem Schicksal. Das ständige Rauf und Runter zwischen dem ersten und dem letzten Stock führte immer wieder zu langen Wartezeiten. »Gestern habe ich doch«, beschwerte sich eine Sekretärin, »eine geschlagene Viertelstunde vor diesem blöden Aufzug gewartet!« Wahrscheinlich übertrieb sie etwas, denn es wird sich um höchstens fünf Minuten gehandelt haben, doch gab sie damit deutlich Gefühl und Stimmung aller wieder. Was war zu tun? Schließlich rang sich die Firmenleitung von IBM dazu durch, sich mit ihren imposanten Mitteln der Sache anzunehmen und ein Expertenteam zusammenzustellen, das das Problem so schnell wie möglich in den Griff bekommen sollte. Im Verlauf weniger Monate wurde das Projekt ZAFN (Zweiter Aufzug für die Filiale von Neapel) auf die Beine gestellt. Unterdessen hatte unser Direktor den Pförtner des Gebäudes, den legendären Don Attilio, damit beauftragt, eine genaue Erhebung über das Verkehrsaufkommen im Haus zwischen 8.30 Uhr und 19.00 Uhr durchzuführen.

Der gute Don Attilio besorgte sich, wie für einen Nicht-Informatiker verständlich, für ein paar Lire ein einfaches schwarzes Rechenheft und verzeichnete darin mit viel Geduld und Ausdauer jeden Einzelnen, den er den Fahrstuhl benutzen sah (mit einem Strich für alle »Zivilisten« und einem Kreuz für alle IBM-Angestellten). Als die Untersuchung abgeschlossen war, wurde eine Versammlung einberufen, auf der die Kosten für das Vorhaben diskutiert und die noch zögernden Bewohner des Hauses für das Projekt gewonnen werden sollten. Alle betroffenen Parteien waren anwesend: neben den Hausbewohnern wir aus der Filiale, das Expertenteam aus Mailand und Don Attilio mit seinem schwarzen Rechenheft. Mitten in der heißen Diskussion über Gelder und Genehmigungsverfahren stand im hinteren Teil des Saales jemand auf und bat um das Wort. Es war Don Attilio.

»Was gibt's, Don Attilio?« fragte der Direktor.

»Dottò, ich habe da eine Idee.«

»So? Und die wäre?«

»Dottò, verzeihen Sie, wenn ich mich hier einmische«, fuhr der brave Mann fort, »doch würde ich an Ihrer Stelle, anstatt diese ganzen Millionen auszugeben, auf jedem Stockwerk neben dem Aufzug einen schönen großen Spiegel anbringen. Dann können sich die Leute, während sie warten, im Spiegel anschauen, und die Zeit vergeht, ohne daß sie es überhaupt merken!«

Und tatsächlich, der Vorschlag konnte sich schließlich durchsetzen. Und was lernen wir daraus? Wir sind alle ein wenig narzißtisch, ganz egal, ob wir nun gut aussehen oder nicht. Wir mögen es, uns im Spiegel anzuschauen, und für viele Menschen wäre es das Höchste, sich einmal im Fernsehen zu sehen!

Die Behauptung, daß wir alle mehr oder weniger narzißtisch veranlagt sind, stammt natürlich nicht von mir, sondern von Sigmund Freud. Der Vater der Psychoanalyse sah im Narzißmus zunächst lediglich eine Perversion, mußte aber später seine Annahme korrigieren, da er bei fast all seinen Patienten narzißtische Verhaltensweisen entdeckte. So vertrat er zum Schluß die Theorie, der Narzißmus sei ein normaler Bestandteil der menschlichen Psyche, und zwar die »libidinöse Ergänzung des Selbsterhaltungstriebs«. Damit meinte er, daß die Liebe nie bedingungslos sein kann, weil jeder Mensch in seinem Partner auch eine Bestätigung des eigenen Ichs sucht. Der geliebte Mensch, sagt Freud, wird zum Spiegel, in dem wir uns selbst betrachten können.

Nehmen wir es gleich vorweg, dieser Narcissus war schon ein wenig narzißtisch. Von klein auf schon ließ er jegliches Interesse an der Außenwelt vermissen: er hatte keine Freunde, geschweige denn Freundinnen oder Geliebte. Doch der Reihe nach. Beginnen wir bei seinen Eltern.

Als die Wassernymphe Liriope eines schönen Tages nackt ein Bad nahm, wurde sie vom Fluß Cephisus verführt, »im Gewirr seiner Schlingen«, wie Ovid es beschreibt. Und nach neun Monaten dann...

> *»Vom befruchteten Schoß der schönsten der Nymphen*
> *wand sich ein Kind ans Licht,*
> *schon damals würdig der Liebe,*
> *Narcissus genannt. Befragt, ob diesem bestimmt sei,*
> *einst an Jahren gereift ein langes Alter zu schauen,*
> *daß er nach langer Zeit die Reife des Alters erlebe,*
> *sprach »Wenn er sich nicht kennt!« der*
> *schicksalkündende Seher.*
> (Ovid: *Metamorphosen*, Buch III, Verse 344–348)

Mit etwas moderneren Worten: Am Tag, als Narcissus geboren wurde, fragte seine Mutter den blinden Seher Tiresias,
welche Chancen ihr Sohn habe, ein hohes Alter zu erreichen.
Und Tiresias antwortete:

»Er wird nur so lange leben, wie er sein eigenes Spiegelbild nicht sieht.« Oder, wie Ovid sagt: *Si se non noverit*, was
wörtlich übersetzt bedeutet: »Wenn er sich selbst nicht ken-
nenlernt«. Wir können uns vorstellen, wie sehr dieser Orakelspruch die arme Liriope beunruhigte. Sofort machte sie sich
daran, alle Gegenstände mit reflektierenden Oberflächen aus
dem Haus zu entfernen, Spiegel, Glas, Kupfertöpfe, Silber-
platten und dergleichen mehr.

Mit sechzehn Jahren war Narcissus zum schönsten Mann
des ganzen Landes herangewachsen. »Vom Götterberg Helikon bis zum Meer«, sagten sie in Thespiai, »reicht niemand an
die Schönheit von Liriopes Sohn heran, und jeder Mann und
jede Frau wünscht ihn sich zum Geliebten.« Doch der junge
Mann hatte, wie schon gesagt, nichts für seine Mitmenschen
übrig.

Viele begehrten sein der Jünglinge, viele der Mädchen.
Aber es war in der zarten Gestalt so fühlloser Hochmut:
Keiner bewegte sein Herz von den Jünglingen,
keines der Mädchen.
(ebda., III, 353–355)

Nulli illum iuvenes, nullae tetigere puellae, das heißt, er
scherte sich um niemanden, weder um Jungen noch um
Mädchen. Einmal ließ ihm ein Junge namens Aminias eine
Botschaft zukommen:

»Gib mir ein Unterpfand deiner Liebe, mein süßer Freund,
denn ohne dich kann ich nicht leben!«

Der arme Aminias. Narcissus schickte ihm tatsächlich ein
Zeichen. Aber was für eins! Ein Schwert! Ja, im Ernst, er
schickte ihm ein Schwert, wie um zu sagen: »Bring dich doch
um, was geht's mich an!« Und der verliebte Junge kam seiner

Aufforderung nach. Eines Abends begab er sich zu Narcissus'
Haus und erstach sich dort mit dem Schwert, das Narcissus
ihm geschenkt hatte, nicht ohne zuvor jedoch die Rache der
Götter an dem lieblosen Narcissus zu erflehen.

Daß ein Mann seinem Leben ein Ende setzte, weil er von
einem Jüngling abgewiesen wurde, war in der griechischen
Welt gar nicht so ungewöhnlich. So beschreibt zum Beispiel
auch Theocritus, ein sizilianischer Dichter aus dem dritten
Jahrhundert vor Christus, in einer seiner ergreifendsten *Idyllen* einen Fall, der stark an den von Aminias und Narcissus
erinnert.

*Ein Mann liebte voll schmachtender Sehnsucht einst einen
grausamen Jüngling, der zwar schön von Gestalt, aber un-
freundlich in seinem Betragen war. Er haßte den Liebhaber
und erwies sich ihm nicht im mindesten hold; denn er wußte
nicht, was Amor für ein Gott sei, was er für einen Bogen führe
und welche bitteren Pfeile er auf Jünglinge schleudre.*
(Theocritus: *Idyllen*, S. 120)

Aber wie man weiß, läßt sich ein Liebender durch solch unbe-
deutende Hindernisse nicht entmutigen. Je mehr Widerstände
sich seiner Liebe entgegenstellen, desto feuriger wird er und
vergißt vor allem mehr und mehr die Schwächen des geliebten Menschen.

*Doch auch so war er noch schön, und sein Zorn entzündete
den Liebhaber immer heftiger. Endlich konnte dieser die Qualen, die Venus über ihn verhing, nicht länger ertragen, sondern ging hin und weinte vor der unseligen Hütte, küßte die
Schwelle und hub also an:*
*»Grausamer, feindlicher Knabe, Säugling einer grimmi-
gen Löwin, ganz von Felsen bist du. Ich bin gekommen, dir
mein letztes Geschenk, meinen Strick zu bringen. Nicht ferner mehr, o Knabe, will ich, seufzend unter meinen Leiden,
dich angehn; ich fliehe, wohin du mich verbannet hast; bin*

auf dem Weg, den alle Verliebte wandeln und wo ihr Hei-
lungsmittel die Vergessenheit ist. Doch wenn ich auch diese
ganz mit meinen Lippen einschlürfe, so werde ich dennoch
meine Sehnsucht nicht tilgen können. Schon rufe ich deiner
Vorkammer das letzte Lebewohl zu.«
(ebda., S. 121)

Gesagt, getan, der Liebhaber hängt sich auf: Er befestigt ein
Seil am Türbalken und steigt auf einen großen Stein. Doch bevor er dem »verhängnisvollen Fels«, wie Theocritus schreibt,
den Tritt versetzt, fleht er noch einmal den grausamen Knaben an.

»Aber, Knabe, erweise mir noch diese letzte Freundschaft:
Wenn du heraustrittst und hier vor deiner Türe mich hängen
siehst, so gehe vor mir Unglücklichem nicht achtlos vorüber,
sondern verweile und weine einen Augenblick, opfere mir ei-
nige Zähren und knüpfe mich los vom Strick; hülle mich
dann in die Kleider ein, die deine Glieder decken, und küsse
mich zuletzt noch. Fürchte dich nicht, ich kann nicht wieder
erwachen, und wenn du mich auch mit verändertem Her-
zen küssest. Bereite mir eine Grabhöhle, darin meine Liebe
verscharrt werde, und wenn du wieder weggehst, so rufe drei-
mal: ›Ruhe sanft, Geliebter.‹ Willst du, so sprich auch noch:
›Mir ist ein zärtlicher Freund verloren.‹ Schreibe aber über
das Grab diese Aufschrift: ›Diesen tötete seine Liebe; Wan-
derer gehe nicht vorüber, sondern stehe still und sprich: Er
liebte einen grausamen Jüngling.‹«
(ebda., S. 122)

Und daß dieser Knabe wirklich eiskalt war, daran gibt es keinen Zweifel. Theocritus schließt die tragische Geschichte fol-
gendermaßen:

Jener schloß die Türe auf, sah draußen den Leichnam hän-
gen und ward nicht erweicht und beweinte den Verschiede-

nen nicht, sondern behielt seine vorige Tracht an, ging zu den
Ringespielen und suchte fern ein kühlendes Bad.
(ebda., S. 123)

Ganz ähnlich muß auch Narcissus gewesen sein. Er hatte
keine Freunde und sprach mit niemandem. Seine einzige
Leidenschaft war die Jagd, natürlich allein. So war er gerade dabei, einem prachtvollen Hirsch nachzujagen, als die
schöne Echo ihn erblickte, eine Bergnymphe, die für ihre
Geschwätzigkeit weithin bekannt war.

Es hieß, daß Zeus sich eines Tages diese Neigung Echos
zu Tratsch und Klatsch zunutze gemacht und die Nymphe
dazu bewogen hatte, seine Gemahlin Hera abzulenken, damit er selbst sich unbemerkt mit einer Geliebten vergnügen
konnte.

»Erzähl meiner Frau«, sagte er zu ihr, »die letzten Neuig-
keiten vom Olymp, vielleicht von dem Wutanfall des Hephaistos, als er seine Frau Aphrodite mit Ares im Bett erwischt
hat, oder auch irgend etwas anderes. Kurzum, lenke sie einfach ein paar Stündchen ab.«

Hera bemerkte jedoch, daß Echo...

... sie mit langem Gespräch geflissentlich aufhielt,
 bis die Nymphen geflohn.
(Ovid: *Metamorphosen*, III, 364–365)

...und gedachte, sie zu bestrafen. Sie legte ihr eine Hand auf
den Mund und nahm ihr damit die Fähigkeit zu sprechen.

»Über diese Zunge, die mich genarrt«, sagte sie, »sollst du
von nun an nur wenig Macht haben und deine Stimme nur
noch ganz kurz gebrauchen können.« Ihre Drohung machte
sie wahr. Immerhin kann Echo die Laute am Ende einer Rede
wiederholen und Worte erwidern, die sie gehört.
(vgl. ebda., III, 366–369)

Die arme Echo! Damit war es mit ihrer Leidenschaft fürs Tratschen vorbei. Aber viel schlimmer war noch, daß sie jetzt dem Mann, den sie liebte, ihre Gefühle nicht mitteilen konnte. Denn Echo hatte sich, als sie so über die Hänge des Berges Helikon spaziert war, Hals über Kopf in Narcissus verliebt:

Kaum hat sie also Narcissus erblickt, der abseits vom Wege durchs Gelände streift, entbrennt ihr Herz in Liebe. Sie folgt verstohlen seinen Spuren, und je länger sie ihm folgt, desto mehr läßt seine Nähe sie erglühen, nicht anders, als wenn der leicht entzündliche Schwefel, mit dem die Fackeln an der Spitze bestrichen sind, eine Flamme an sich reißt, die man in seine Nähe bringt. Oh, wie oft wollte sie ihm mit liebevollen Worten nahen und ihn durch Bitten erweichen! Ihr Wesen verbietet's!
(vgl. ebda., III, 370–376)

Wie sollte sie ihm nur all das sagen, was ihr Herz bewegte? Sie war praktisch stumm, denn sie konnte ja nur die letzten Silben, die sie hörte, wiederholen. Doch irgend etwas werden sich Echo und Narcissus an jenem Tage schon gesagt haben. Vielleicht folgendes:
»Wer da? Wer folgt meinen Spuren?«
»... Spureeennn.«
»Was willst du von mir, schreckliches Weib?«
»... Weiiibbb.«
»... Mach, daß du fortkommst, ich will allein sein.«
»... seiiinnn.«
»Hau ab! Ich habe gesagt, du sollst abhauen!«
»... haueeennn.«

Die Verschmähte hält sich im Wald versteckt, verbirgt schamhaft das Gesicht im Laub und lebt von nun an in einsamen Höhlen. Doch die Liebe bleibt und wächst noch aus Schmerz über die Zurückweisung. Sorgen gönnen ihr keinen Schlaf und zehren den Leib jämmerlich aus; Magerkeit läßt die Haut

schrumpfen, in die Luft entschwindet aller Saft des Körpers, nur Stimme und Gebein sind übrig. Seitdem ist sie im Walde verborgen und läßt sich auf keinem Berg blicken. Aber alle können sie hören. In ihr lebt nur der Klang.
(vgl. ebda., III, 393–402)

Durch diese Ereignisse, zunächst der Selbstmord des Aminias, dann die Geschichte mit Echo, die aus Liebe körperlich immer mehr verfiel, machte sich Narcissus ziemlich unbeliebt. »Was bildet der sich nur ein?« sagten die Leute, und einer meinte:

»So soll es auch ihm in der Liebe ergehen, so soll auch er, was er liebt, nicht bekommen.« Sprach's, und Nemesis, die Göttin der Vergeltung, gewährte die gerechte Bitte.
(vgl. ebda., 405–407)

Ovid erzählt, daß Narcissus eines Tages zu einer klaren Quelle in den Bergen gelangte, die »keine Hirten berührt hatten, keine Ziegen, keine Vögel und auch keine wilden Tiere«, und wie er magisch von dem Wasser angezogen wurde.

Hier einst lagerte sich vom Eifer der Jagd und von Hitze
Müde der Knabe, gelockt von dem Quell
Und der Schöne der Stätte,
Während den Durst zu löschen er strebt,
Wird anderer Durst wach;
Denn im Trinken vom Schein des gesehenen Bildes
Bezaubert,
Liebt er einen Wahn: er hält für Körper, was Schatten.
Sich anstaunt er selbst, und starr mit dem selbigen Blicke
Ist er gebannt wie ein Bild aus parischem Marmor
Gefertigt;
(ebda., III, 413–419)

Doch was sah Narcissus im Wasser?

Am Boden liegend, betrachtet er seine Augen – sie gleichen einem Sternenpaar –, das Haar, das eines Bacchus oder eines Apollon würdig wäre, die bartlosen Wangen, den Marmorhals, die Anmut des Gesichts, die Mischung von Schneeweiß und Rot – und alles bewundert er, was ihn selbst bewundernswert macht. Nichtsahnend begehrt er sich selbst, empfindet und erregt Wohlgefallen, wirbt und wird umworben, entzündet Liebesglut und wird zugleich von ihr verzehrt. Wie oft gab er dem trügerischen Quell vergebliche Küsse! Wie oft tauchte er, um den Hals, den er sah, zu erhaschen, die Arme mitten ins Wasser und konnte sich nicht darin ergreifen!
(vgl. ebda., III, 421–430)

Selten wohl hat ein Liebhaber zärtlichere Worte an den geliebten Menschen gerichtet, als Narcissus an jenem Tag, als er sich in sein eigenes Spiegelbild verliebte! Er sprach zu sich:

»Wer du auch sein magst, komm zu mir heraus; was täuschest du mich, einzig schöner Knabe, und wohin gehst du Ersehnter? Warum läßt du mich so leiden? Warum entfliehst du? Warum willst du dich meiner Liebe entziehen? Doch strecke ich die Arme nach dir aus, streckst auch du sie mir freiwillig entgegen. Lächle ich, lächelst du mir zu; auch Tränen habe ich oft bei dir beobachtet, während ich weinte.«
(vgl. ebda., III, 450–460)

Von diesem Punkt an verzweigt sich der Mythos von Narcissus bei den verschiedenen Autoren in unterschiedliche Versionen. Lassen wir hier einige von ihnen zu Wort kommen.

In einer Sammlung von Geschichten aus dem dreizehnten Jahrhundert, die als *Il Novellino* bekannt ist, lesen wir, daß sich der »gar wunderschöne« Narcissus, durch die Vergeblichkeit seiner Anstrengungen verbittert, in den Quell fallen ließ und darin ertrank, da er, obwohl er der Sohn eines Flusses und einer Wassernymphe war, nicht schwimmen konnte.

Narcissus war ein gar wunderschöner Knabe; eines Tages begab es sich, daß er an einem Brunnen ruhte und in dem Wasser seinen Schatten, welcher ebenso schön wie er, erblickte. Da fing er an, denselben anzusehen und sich über dem Brunnen mit lustigen Gebärden zu erfreuen. Desgleichen tat auch sein Schatten, und also glaubte er, daß der Schatten ein lebendiger Mensch sei und in dem Wasser wäre, wurde auch nicht gewahr, daß es sein Schatten war. Da hub seine Liebe an, und er verliebte sich so sehr, daß er den Schatten ergreifen wollte und fuhr demnach mit den Fäusten ins Wasser. Da wurde das Wasser trübe, und der Schatten verschwand, worauf er heftig zu weinen anfing. Als nun das Wasser wieder klar wurde, sah er den Schatten, welcher ebenso wie er selbst weinte. Da schoß er in den Brunnen, auf daß er darinnen ersoff.
(*Il Novellino*, XLVI)

Pausanias' Version ist etwas phantasievoller. Der Autor des ältesten bekannten Griechenland-Reiseführers behauptet, daß Narcissus nicht in sich selbst, sondern in eine Zwillingsschwester verliebt gewesen sei.

Narcissus hatte eine Zwillingsschwester, die ihm in allem ähnlich war, so im Aussehen, der Haartracht, in der Kleidung, die sie trugen, und auch auf die Jagd gingen sie gemeinsam. So entflammte Narcissus in Liebe zu seiner Schwester. Doch das Mädchen starb, und Narcissus ging von nun an jeden Tag zu der Quelle und betrachtete sein Spiegelbild. Denn obwohl er wußte, daß es sein eigenes war, machte es ihm die Qualen der Liebe erträglicher.
(vgl. Pausanias: *Reisen in Griechenland*, XXXI, 5)

Doch kommen wir nun zu Ovid und seinen *Metamorphosen* zurück. Narcissus ist verzweifelt, weil der Geliebte nicht antwortet. Er weint so heftig, daß seine Tränen die glatte Wasseroberfläche trüben und das Spiegelbild verschwinden lassen, woraufhin er entsetzt zu schreien beginnt:

»Wohin fliehst du? Bleib und laß mich, du Grausamer, in meiner Liebe nicht allein! Laß mich, was ich schon nicht selig berühren darf, wenigstens anschauen und so dem unglückseligen Wahn Nahrung geben!« Und trauernd zerriß er das Gewand vom oberen Saum her und schlug sich mit den marmorweißen Händen an die nackte Brust. Von den Schlägen aber wurde seine Brust rosig wie Äpfel, die teils weiß, teils rot sind.

(vgl. Ovid: *Metamorphosen*, III, 477–482)

Um es ein wenig deutlicher zu sagen: Narcissus brachte sich um, wahrscheinlich, indem er sich einen Dolch in die Rippen stieß, und es heißt, daß er sterbend noch gemurmelt habe:

»Leb wohl, Jüngling des Wassers, leb wohl, ich setze meinem Leben ein Ende, weil ich dich nicht umarmen kann. Denn du bist und bleibst für mich die einzige, große Liebe.«

Und von ferne hörte man eine Stimme, die das letzte Wort wiederholte:

»...Liebeee.«

Es war die Nymphe Echo, die ihrem Narcissus noch bei dessen Tod treu war.

Es klagen um ihn seine Schwestern, die Najaden, schneiden sich Haarlocken ab und weihen sie ihrem Bruder. In die Totenklage stimmt Echo ein. Schon bereiten sie den Scheiterhaufen vor, Fackeln, um sie zu schwingen, und die Totenbahre: Da ist der Leib nirgends mehr. An seiner Stelle finden sie eine Blume, in der Mitte safrangelb und umsäumt von weißen Blütenblättern.

(vgl. ebda., III, 506–511)

Die Blume, die aus Narcissus' Körper wuchs, heißt deswegen auch »Narzisse«. Sie gehört zu den Amaryllisgewächsen und kommt in der Natur gelb und weiß vor. Bei einigen Arten findet man im Blütenkelch winzige rote Flecken. Unnötig zu betonen, daß diese Flecken für manche der Beweis sind, daß die Blume aus dem Blut des Narcissus entstanden ist. Und so beschreibt Giuseppe Battista die Narzisse:

> *Blume des Jünglings, der sich selbst geliebt,*
> *nach seinem Tode am Ufer gewachsen,*
> *betrachtet sie ihre eigene Schönheit im Wasser.*
> (Giuseppe Battista: *Die Geschichte von Narcissus*)

Auf dem Weg in die Unterwelt hat Narcissus sich beim Überqueren des Flusses Styx angeblich über das Wasser gebeugt, in der Hoffnung, sein Spiegelbild zu entdecken. Es gelang ihm nicht, denn der Styx war der Fluß der Unterwelt, daher trübe, schlammig und ohne Spiegelungen, und Narcissus freute sich darüber, denn ...

»Das bedeutet, daß nur ich allein tot bin«, murmelte er, »und daß du, meine Liebe, nicht gestorben bist! Du lebst weiter auf dem Berg Helikon, in jener klaren Quelle im Wald meiner Träume!«

IV

Die Besucher der Unterwelt

Von Orpheus über Dante bis Totò (in seinem Film *Totò in der Hölle*) gab es zahlreiche Reisende, die nur einmal kurz in der Unterwelt vorbeischauten, um dann wohlbehalten auf die Erde zurückzukehren. Natürlich kann ich hier nicht alle aufzählen, und so beschränke ich mich darauf, an die bekanntesten aus klassischen Zeiten zu erinnern, als da wären: Platons Er, Theseus, Odysseus, Aeneas und der schon erwähnte Orpheus.

Er

Platon erzählt in seinem Dialog *Politeia* von einem jungen Krieger namens Er, dessen Geschichte man aus heutiger Sicht als klaren Fall von Scheintod bezeichnen würde: Der Jüngling wurde leblos auf einem Schlachtfeld aufgelesen und zu den anderen Gefallenen auf einen Scheiterhaufen gelegt. Doch während bei seinen toten Gefährten die Verwesung schon lange eingesetzt hatte, war bei ihm auch mehr als zehn Tage nach seinem Tod immer noch eine recht gesunde Gesichtsfarbe zu beobachten. Und so geschah es, daß er gerade in dem Moment, als sich die Priester mit ihren Fackeln dem Scheiterhaufen näherten, putzmunter ins Leben zurückkehrte. Nachdem er nun wieder bei Besinnung war, erzählte Er alles, was er in den zehn Tagen seines Todes erlebt hatte:

Nachdem meine Seele ausgefahren war, ist sie mit vielen anderen gewandelt, und wir kamen zu einem wunderbaren Ort, wo vier gewaltige Spalten waren. Zwei reichten ins Dunkel des Erdreichs hinab, zwei andere in den Himmel hinauf. Zwischen diesen saßen Richter, welche über die Taten der toten Seelen urteilten und den Gerechten befahlen, den Weg nach rechts oben in den Himmel einzuschlagen, den Ungerechten aber den nach links unten in die Hölle. Erstere trugen auf der Brust Zeichen ihrer Verdienste, letztere auf dem Rücken eine Liste all ihrer Schandtaten.

(vgl. Platon: *Politeia*, Zehntes Buch, 614 c)

Als Er vortrat, um sein Urteil zu hören, wies man ihn sofort zurück; die zuständigen Herren erklärten ihm, daß seine Anwesenheit auf ein Versehen der Schicksalsgöttinnen, der Moiren, zurückzuführen sei. Doch dürfe er, da er nun schon einmal da sei, ruhig etwas bleiben und sich ein wenig umschauen, unter der Bedingung jedoch, daß er nach seiner Rückkehr auf die Erde den Sterblichen nichts von dem, was er gesehen hatte, erzählen würde. Ich muß gestehen, daß mich schon beim allerersten Lesen von Platons *Politeia* die Vorstellung besonders amüsierte, daß sogar die Moiren irren können.

Neben den Seelen der Verstorbenen, die auf ihr Urteil warteten, sah Er andere, die kurz vor ihrer Wiedergeburt standen. Sie hatten schon einige Leben gelebt und verließen nun wieder entweder den Himmel oder die Hölle, je nachdem, ob sie belohnt worden waren oder eine Strafe abgesessen hatten.

Jene, die von der Unterwelt hinaufstiegen, waren voller Schmutz und Staub, die anderen aber, die vom Himmel hinabstiegen, waren rein und strahlten. Und die Ankommenden schienen jedesmal wie von einer langen Wanderung herzukommen und lagerten sich, sehr zufrieden, daß sie auf den Matten verweilen konnten, wie zu einer festlichen Versammlung hin. Die einander Bekannten grüßten sich freundlich. Die Seelen, die von unten kamen, wollten vom Himmel wis-

sen, jene von oben fragten nach den Qualen der Hölle. Die
einen heulten und weinten, indem sie ihrer Leiden gedach-
ten, die anderen berichteten von ihrem Wohlergehen und der
unbegreiflichen Schönheit des im Himmel zu Schauenden.
(vgl. ebda., X, 614 e–615 c)

Platon zufolge stand die Strafe (oder die Belohnung) zur vor-
angegangenen Tat im Verhältnis von zehn zu eins. Mit anderen Worten: Damit ein Mörder wieder in ein neues Leben ent-
lassen werden konnte, mußte er zuerst zehnmal soviel leiden
wie der Mensch, den er getötet hatte.

Irgendwann dann erblickte Er eine Seele, die aus der Hölle
zu entkommen versuchte, obwohl sie noch nicht ihre ganze
Strafe abgesessen hatte. Es handelte sich um einen gewissen
Ardiaios, zu Lebzeiten ein brutaler Tyrann, der seinen betag-
ten Vater und seinen älteren Bruder umgebracht hatte, um auf
den Thron zu gelangen. Während nun der Verurteilte damit
beschäftigt war, sich klammheimlich aus der Hölle davonzu-
schleichen, erhob sich ein ohrenbetäubender Lärm, und der
Spalt stieß feurige Wesen aus, die den Unglückseligen bei den
Beinen packten, ihn fesselten und ordentlich verprügelten, bevor sie ihn schließlich in ein Feld voller Brennesseln schlepp-
ten. Er erzählt weiter:

Dann erschien vor uns von oben herab ein gerades Licht wie
eine Säule über den ganzen Himmel und die Erde, am mei-
sten dem Regenbogen vergleichbar, aber glänzender und
reiner. Dieses Licht ist das Band des Himmels, welches wie
die Streben an den großen Schiffen das ganze Firmament zu-
sammenhält. An den Enden aber ist die Spindel der Ananke
befestigt, der Göttin der Notwendigkeit, vermittels derer alle
Sphären in Umschwung gesetzt werden. Spindel und Haken
sind aus Diamant, und die Spindel dreht sich langsam auf
Anankes Knien. Rings um sie her sind die singenden Moiren,
Lachesis, Klotho und Atropos, in weiße Gewänder gehüllt
und am Haupte bekränzt. Lachesis besingt das Gesche-

hene, Klotho das Gegenwärtige, Atropos aber das Bevorstehende.
(vgl. ebda., X, 616 b–617 c)

Ananke, die Notwendigkeit oder auch das Schicksal, war für die Griechen die mächtigste Göttin des ganzen Olymps. Selbst Zeus hatte sich ohne Widerrede ihrem Willen zu beugen. Und wenn Ananke etwas entschieden hatte, ließ sie sich von niemandem mehr davon abbringen. Für manche war sie die Mutter der Moiren, für andere hingegen bloß ihre ältere Schwester. Die Moiren standen für die verschiedenen Lebensphasen. Klotho spann den Faden des Lebens, Lachesis prüfte seine Länge, und Atropos, jene, die niemals verzeiht, schnitt ihn schließlich unerbittlich mit der Schere ab.

Der junge Er stand also staunend da und bewunderte das Schauspiel, das sich vor seinen Augen abspielte, als plötzlich ein Prophet auf die Seelen zutrat. Und Er erzählt weiter:

»Eintägige Seelen«, sagte der Prophet, »ein neuer, todbringender Umlauf beginnt für euch Sterbliche. Doch nicht der Dämon wird euer neues Schicksal wählen, sondern ihr selbst werdet den Dämon wählen. Wer zuerst gelost, wähle zuerst die Lebensbahn, in welcher er dann notwendig verharren wird. Die Tugend ist herrenlos, je nachdem wer sie ehrt oder geringschätzt, wird auch mehr oder minder von ihr haben. Die Schuld ist des Wählenden; der Gott ist schuldlos.«
(vgl. ebda., X, 617 d–617 e)

Daraufhin warf der Prophet die Lose unter die Seelen, auf denen die Nummern standen, nach denen sie aufgerufen werden sollten. Und jede Seele hob das Los auf, das ihr direkt vor die Füße fiel, bis auf Er, der die Szene nur beobachten durfte.

Dann breitete der Prophet unzählige Steine auf dem Boden aus, auf denen jeweils eine Lebensweise beschrieben stand. Und so beschreibt Platon die verschiedenen Existenzmöglichkeiten:

*Deren nun waren gar zahlreiche Lebensweisen, aller Tiere
nämlich und aller Menschen insgesamt. Darunter waren Ty-
ranneien, einige lebenslänglich, andere bald zugrunde gehend
und in Armut, Exil und Dürftigkeit endend; ebenso auch Lebensweisen wohlangesehener Männer, die es teils ihrer Persönlichkeit wegen waren, oder durch Schönheit, körperliche
Stärke und Kampftüchtigkeit, andere aber wegen ihrer Her-
kunft und der Tugend ihrer Ahnen wegen. Auch Leben einfa-
cher Leute und sogar von Frauen.*
(vgl. ebda., X, 618 a–618 b)

Kurzum, es war alles vertreten: Reichtum und Armut, Freude
und Schmerz, Gesundheit und Krankheit, und all das in verschiedenen Dosierungen, je nach der gewählten Lebensweise.
Diejenigen, die ohne lange zu überlegen rasch zugriffen, weil
sie vielleicht vom Ansehen eines bestimmten Lebens geblen-
det waren, fanden sich leicht in einer unsicheren Existenz voller Probleme und Gefahren wieder. Dabei hatte der Prophet
sie noch gewarnt:

*»Auch dem letzten, der hinzunaht, liegt ein angenehmes Le-
ben bereit, kein schlechtes, wenn er mit Vernunft wählt und
sich tüchtig hält. Darum sei weder der, der die Wahl beginnt,
sorglos, noch der sie beschließt mutlos.«*
(vgl. ebda., X, 619 b)

Platon nutzt hier die Gelegenheit, um darauf hinzuweisen,
daß es gerade in solch einer Situation darauf ankommt, seinen Verstand zu gebrauchen. Nicht zufällig schnappten sich
jene Seelen die besten neuen Leben, die in der Vergangenheit
viel gelitten und deswegen mehr als andere über den Sinn des
Lebens nachgedacht hatten.

*Jener, der das erste Los gezogen, wählte das Leben eines
mächtigen Tyrannen. Aus Torheit und Gier wählte er, ohne
alles genau zu betrachten, und so entging ihm das darin ent-*

haltene Geschick, seine eigenen Kinder zu verzehren, und viel anderes Unheil.
(vgl. ebda., X, 619 b–619 c)

Die Mehrheit jedoch wählte auf der Grundlage bereits gemachter Erfahrungen. Manche wollten sie wiederholen (natürlich mit mehr Glück), andere hingegen suchten sie zu vermeiden. Viele berühmte Persönlichkeiten, die sich ein neues Leben aussuchten, beobachtete Er:

Die Seele des Thamyris gedachte, eine Nachtigall zu werden. Der telamonische Ajax zog es eingedenk der erlebten Enttäuschung darüber, daß man ihm die Waffen des Achilles verweigert hatte, vor, als Löwe zu leben, wollte er doch die ungerechte Welt der Menschen fortan meiden. Gleich ihm König Agamemnon, der aus Haß gegen das Menschengeschlecht wegen des Erlittenen den Körper eines Adlers wählte. Die schnelle Atalante, ihrer vielen Abenteuer müde, hätte sicher das ruhige Leben einer Mutter gewählt, doch erlag sie dem Glanz eines großen Kämpfers, der gar viele Wettbewerbe Olympias gewonnen, und wollte mit ihm gehen. Zufällig war die Seele des Odysseus durch das Los die letzte von allen. Im Angedenken der früheren Mühen von allem Ehrgeiz frei, ging sie lange umher, um eines ganz einfachen Mannes Leben zu suchen. Schließlich fand sie es, von allen übersehen, und als es geschehen, sagte sie, sie würde ebenso wie jetzt gehandelt haben, auch wenn sie das erste Los gezogen hätte, und wählte mit Freuden dies Leben.
(vgl. ebda., X, 620 a–620 d)

Der Mythos endet damit, daß alle Seelen vor der Rückkehr auf die Erde vom Wasser der Lethe trinken müssen, um ihr früheres Leben vollkommen zu vergessen.

Selbst durfte Er vom Wasser nicht trinken, wie aber und auf welche Weise er wieder zu seinem Leibe gekommen, wußte er

nicht, sondern nur, daß er plötzlich, des Morgens aufschau-
end, sich schon auf dem Scheiterhaufen liegend fand, gerade
als seine Familie die brennende Fackel dort anlegen wollte.
(vgl. ebda., X, 621 b)

Theseus

Sagen wir es gleich ganz offen; Theseus und Peirithoos waren
zwei alte Lustmolche. Obwohl sie das fünfzigste Lebensjahr
schon um einiges überschritten hatten, verfielen sie auf den
Gedanken, sich ein paar Geliebte der Extraklasse zu besorgen. Und da ihre Augen, wie es so schön heißt, größer waren
als ihr Mund, entschlossen sie sich dazu, keine geringeren als
zwei Töchter des Zeus zu rauben. Die erste, die in ihren Fän-
gen endete, war die allseits bekannte Helena, damals gerade
zwölf, der die Schicksalsgöttin Ananke offenbar die Rolle der
Ewig-Geraubten zugedacht hatte. Ein paar biographische Da-
ten: Helena war offiziell die Tochter des Tyndareos und der
Leda. Insider aber wußten, daß sie in Wahrheit eine der zahlreichen Zeus-Töchter war, die der Göttervater bei seinen Sei-
tensprüngen in die Welt zu setzen pflegte.

Nachdem die beiden ihre erste Beute auf einer Burg in At-
tika in Sicherheit gebracht hatten (sie würfelten gar, wer die
schöne Helena bekommen sollte, wobei Theseus gewann),
überlegten sie, wer als zweite in Frage käme. Natürlich, wie
abgemacht, eine der vielen unehelichen Töchter des Göttervaters. Aber welche? Nachdem sie eine Weile über das
Problem nachgedacht hatten, besaßen die beiden Halunken
doch die Dreistigkeit, den göttlichen Erzeuger selbst um Rat
zu fragen.

»Raubt doch die Persephone«, schlug Zeus ihnen schein-
heilig vor, wohl wissend, daß ihnen das nicht gut bekommen
würde. »Ich kann euch versichern, daß die Gattin des Hades
die schönste Frau ist, die ich je gezeugt habe!«

Persephone zu rauben bedeutete allerdings, in die Unterwelt hinabzusteigen, und dieser Gedanke behagte Theseus keineswegs. Doch der Schwur, den er getan hatte, zwang ihn jetzt nolens volens, Peirithoos bei dem Unternehmen zu begleiten.

Die beiden vermieden es, den Styx zu überqueren, und gelangten sozusagen durch die Hintertür, durch ein kleines Tor in einer Höhle Lakoniens, in das Schattenreich. Hades war doch ziemlich überrascht, als die beiden Entführer so plötzlich vor ihm standen. Mit gezückten Schwertern verlangten sie vom König der Unterwelt, er solle ihnen auf der Stelle seine Gattin ausliefern. Hades verzog keine Miene.

»Einverstanden«, sagte er nur, »doch zuvor wollen wir noch gemeinsam ein Gläschen trinken.« Und mit diesen Worten deutete er auf zwei Stühle, die vor seinem Thron aufgestellt waren. Natürlich handelte es sich nicht um gewöhnliche Sitzgelegenheiten, sondern um »Sessel des Vergessens«, die jeden, der sich darauf niederließ, sofort gefangennahmen. Sie verwandelten sich bei einer Berührung in Fleisch und wurden eins mit dem Körper des Unglücklichen, der sich darauf setzte.

So erging es auch Theseus und Peirithoos. Sie wuchsen auf den »Sesseln des Vergessens« fest und mußten reglos allerlei Qualen, wie die Bisse von Schlangen und des Höllenhundes Zerberus oder die Peitschenhiebe der Moiren, über sich ergehen lassen, und das alles, während sich Hades köstlich amüsierte und die kläglich gescheiterten Entführer verhöhnte. So wäre das wohl bis in alle Ewigkeit weitergegangen, wäre nicht eines Tages Herakles in der Unterwelt aufgetaucht, um den Höllenhund zu fangen. Allein mit der Kraft seiner Oberarme gelang es ihm, Theseus zu befreien. Es heißt jedoch, daß beim Losreißen ein Stück von Theseus' Pobacken am Sessel hängengeblieben sei, womit einige Mythologen die Tatsache erklären, daß die Athener auch heute noch keine sehr runden Gesäßbacken haben.

Bevor Herakles und Theseus das Totenreich verließen, versuchten sie noch, auch den armen Peirithoos zu befreien.

Doch sie schafften es nicht, da furchtbare Beben die Erde erschütterten, sobald sie es nur versuchten. *Nec Lehaea valet Theseus abrumpere caro vincula Peirithoo* heißt es bei Horaz, und damit wird er recht haben.

Odysseus

Anders als Theseus und Peirithoos mußte sich Odysseus nicht durch einen unterirdischen Gang zwängen, um in die Welt der Toten zu gelangen, denn ein heftiger Sturm trieb sein Schiff über die damals bekannten Grenzen des Ozeans hinaus. Folgen wir ihm bei seinem Abenteuer, so wie er selbst es den Phaeaken erzählt:

»Den ganzen Tag über waren die Segel aufgebläht, und wir glitten mit voller Fahrt durch das Wasser. Als die Sonne sank, begann Dunkel die Wege zu umhüllen. Und so erreichten wir des tiefen Ozeans Ende, wo die Kimmerier im nächtlichen Schatten von Nebel und Wolken leben. Niemals erreicht die Sonne sie mit ihren hellichten Strahlen. Weder wenn sie die Bahn des Sternenhimmels hinansteigt, noch wenn sie wieder hinab vom Himmel zur Erde sich wendet. Nur schreckliche Nacht umhüllt diese elenden Menschen.«
(vgl. Homer: *Odyssee*, Elfter Gesang, Verse 11–19)

Der Held mit den blauen Augen, der dunklen Haut und den vom Meersalz struppigen Haaren hielt einen Moment inne. Und seine Zuhörer, die Phaeaken, starrten ihn schweigend an, wie verzaubert von seiner Erzählung.

»Und wir zogen das Schiff an den Strand, brachten die Tiere an Land und ging dann längst des Ozeans Ufer, bis wir den Ort erreichten, von dem Kirke uns gesagt hatte. Ich zog das geschliffene Schwert von der Hüfte, um eine Grube auszuheben von einer Elle in jede Richtung. Hierum gossen wir

rings Sühneopfer für alle Toten: erst von Honig und Milch,
das zweite von süßem Wein, das dritte von Wasser, worüber
wir weißes Mehl streuten. Dann gelobte ich flehend den To-
ten, daß ich, wenn ich zurück in Ithaka wäre, ihnen im Palast
eine ungedeckte, makellose Kuh opfern würde, dem Teiresias
aber allein gar den stattlichsten schwarzen Widder der gan-
zen Herde.«
(vgl. ebda., XI, 20–33)

Teiresias war, wie bekannt sein dürfte, der berühmteste Seher
der ganzen griechischen Welt, und Odysseus hatte ein spezi-
elles Interesse daran, dessen Seele anzurufen. Denn nur Teiresias war in der Lage, ihm endlich den Weg zurück in seine
Heimat Ithaka zu zeigen.

»Und nachdem ich flehend mit Gebeten und Gelübden die
Schar der Toten gesühnt hatte, nahm ich die Schafe und zer-
schnitt ihre Gurgeln über der Grube. Schwarz entströmte das
Blut, und aus dem Erebos kamen viele Seelen der Verstorbe-
nen herauf: Jünglinge und Bräute, kummerbeladene Greise
auch und aufblühende Mägde, im jungen Grame verloren.
Viele kamen auch von ehernen Lanzen verwundet, Männer,
im Kriege erschlagen, mit blutbesudelter Rüstung. Dicht um-
drängten sie alle von allen Seiten die Grube mit grauenvollem
Geschrei, und bleiches Entsetzen ergriff mich. So befahl ich
meinen Gefährten, die Schafe zu häuten und ins Feuer zu wer-
fen und die schreckliche Macht des Hades und der strengen
Persephone anzubeten.«
(vgl. ebda., XI, 34–47)

Und so versammeln sich, wie in einem Horrorfilm, immer
mehr tote Seelen um die Grube, die danach lechzen, das Blut
der Opfertiere zu trinken. Als erste kommt die Seele eines gewissen Elpenor, ein ehemaliger Kampfgefährte, der vor nicht
langer Zeit gestorben ist. Odysseus fragt ihn nach den Umständen seines Todes, und dieser antwortet:

»Ach, edler Sohn des Laertes, erfindungsreicher Odysseus, ein feindlicher Geist und der Weinrausch war mein Verderben! Nach einem Schlummer in Kirkes Palast vergaß ich in meinem Rausche, wieder die Stufen der langen Treppe hinabzusteigen und stürzte mich grade vom Dach hinunter, so daß der Nacken brach aus seinem Gelenk, und die Seele fuhr in die Tiefe.«
(vgl. ebda., XI, 60–65)

Gleich darauf tritt Odysseus' Mutter Antikleia vor, von deren Tod Odysseus nichts weiß. Als er sie das letzte Mal gesehen hatte, bevor er von Ithaka aufbrach, war sie noch bei bester Gesundheit gewesen, und jetzt muß er sie als Schatten unter Schatten in der Welt der Toten erblicken. Er möchte mit ihr sprechen, entdeckt dann aber plötzlich den Seher Teiresias, wegen dem er in die Unterwelt gereist ist, und bittet seine Mutter zu warten. Teiresias fragt ihn:

»O edler Sohn des Laertes, o erfindungsreicher Odysseus, warum verließest du doch das Licht der Sonne, du Armer, und kamst hierher, die Toten zu schauen und den Ort des Entsetzens? Aber weiche zurück und wende das Schwert von der Grube, daß ich von dem Blut trinke und dir dein Schicksal verkünde.«
(vgl. ebda., XI, 92–96)

Teiresias bedankt sich für das Getränk und weissagt Odysseus alles, was ihm auf der Heimfahrt nach Ithaka noch zustoßen wird. So kann sich Odysseus nunmehr seiner Mutter zuwenden, die auf ihn gewartet hat.

»O Mutter, welch unbarmherziges Schicksal bezwang dich? Zehrte dich Krankheit aus oder traf dich Artemis unversehens mit ihrem sanften Geschoß? Sage mir auch von dem Vater und dem Sohne, die ich daheim ließ, und von meiner Gattin: Blieb sie mir treu, oder empfing sie schon einen anderen Mann?«
(vgl. ebda., XI, 171–179)

Bei diesen Worten versucht er dreimal, seine Mutter zu umarmen, doch sie ist nicht zu greifen. Wie eine Rauchwolke löst sie sich zwischen seinen Armen auf.

»Meine Mutter, warum entfliehst du meiner Umarmung? Wollen wir nicht in der Tiefe, mit liebenden Händen umschlungen, unser trauriges Herz durch Tränen erleichtern? Oder hat mir die furchtbare Persephone ein Trugbild gesandt, damit ich noch mehr mein Elend beseufze?«

»Mein geliebter Sohn, unglücklichster aller, die leben! Ach, sie täuscht dich nicht, Persephone, des Zeus Tochter. Sondern dies ist das Los der Menschen, wenn sie gestorben. Denn nicht Fleisch und Gebein wird mehr durch Nerven verbunden, und die große Gewalt der brennenden Flamme verzehrt alles, sobald der Geist die weißen Gebeine verlassen, und die Seele entfliegt wie ein Traum zu den Schatten der Tiefe.«
(vgl. ebda., XI, 210–222)

Dann zieht Antikleia sich zurück, unter anderem auch, weil sie jetzt von Dutzenden anderer Frauen überrannt wird, die zu der Grube mit dem schwarzen Blut drängen. Unter ihnen erkennt Odysseus Antiope, Leda und Alkmene, die Mutter des Herakles, Epikaste, die Mutter von Ödipus, die schöne Chloris, Iphimedeia, Phädra, Prokis, Ariadne, Klymene und viele andere mehr.

Gleich nach den Frauen erscheinen dann auch die Männer, das heißt die Helden, die mit Odysseus vor Troja kämpften. Als erster tritt Agamemnon vor. Odysseus erzählt:

»Dieser erkannte mich gleich, sobald er des Blutes gekostet. Und da weinte er laut und vergoß die bittersten Tränen, streckte die Hände nach mir und strebte mich zu umarmen, doch ihm mangelte jetzt die Kraft und die Schnelligkeit. Weinend erblickte ich ihn und fühlte herzliches Mitleid, redete ihn an und sprach:

›Atreus' rühmlicher Sohn, weitherrschender Held Agamem-

non, welches unbarmherzige Schicksal bezwang dich? Tötete dich auf dem Meer Poseidon, da er den wilden Orkan lautbrausender Winde dir sandte? Oder mordeten dich auf dem Lande feindliche Männer, als du ihnen Rinder, Schafe und schöne Frauen raubtest?‹

Und Agamemnon antwortete: ›O göttlicher Sohn des Laertes, listenreicher Odysseus, nicht Poseidon bezwang mich auf See, noch feindliche Männer an Land, sondern Ägisthos bereitete mir das Schicksal des Todes, mit Hilfe meines eigenen Weibes. Er lud mich zum Mahl und erschlug mich wie einen Stier an der Krippe. Also starb ich den kläglichsten Tod, und so auch meine Gefährten, die abgeschlachtet wurden, wie hauerbewaffnete Eber für das Festmahl eines reichen Mannes. Auf meinen Leib fiel der von Kassandra, des Priamos Tochter, hingestreckt von meiner eigenen Gattin, der tückischen Klytämnestra. Und diese Hündin ging von mir weg, ohne mir selbst, der ich zum Hades hinabfuhr, die Augen oder die kalten Lippen zu schließen. Nichts ist scheußlicher doch, nichts unverschämter auf Erden als ein Weib, entschlossen zu solch entsetzlicher Schandtat, wie sie jene verübte, die Grausame, womit sie ihr eignes Gedächtnis und das aller Weiber der Nachwelt auf ewig entehrt! Laß deshalb auch du von dem Weibe nimmer dich lenken und vertrau ihnen nicht aus Zärtlichkeit jedes Geheimnis an, sondern verkündige dies, und jenes halte verborgen! Denn den Weibern ist nicht zu trauen!‹«
(vgl. ebda., XI, 390–443)

Die beiden sind noch damit beschäftigt, über die Frauen herzuziehen, als plötzlich die Seele des Achilles erscheint. Der Held wendet sich weinend an Odysseus:

»*›O listenreicher Odysseus, was führt dich Unglücklichen hinab ins Reich des Hades, wo Tote nichtig und sinnlos wohnen, die Schatten gestorbener Menschen?‹*

So sprach er, und ich antwortete wieder und sagte: ›Peleus' Sohn, Achilles, du trefflichster aller Achäer, wegen Teiresias mußte ich herab, um zu erfahren, welche Gefahren noch auf mich lauern. Doch du kannst dich glücklich schätzen, denn unter den Lebenden ehrten wir dich wie einen der Götter, und nun, da du hier bist, herrschest du mächtig unter den Geistern.‹

›Preise mir jetzt nicht tröstend den Tod, ruhmvoller Odysseus!‹ erwiderte Achilles. ›Lieber möchte ich auf Erden als Tagelöhner das Feld bestellen, als die ganze Schar vermoderter Toter beherrschen.‹«

(vgl. ebda., XI, 473–491)

Odysseus erblickt auch Ajax, den Sohn des Telamon, etwas abseits in einer Ecke sitzen. Sein Blick wirkt düster, denn er ist immer noch nicht darüber hinweg, daß die Achäer nicht ihm, sondern Odysseus nach Achilles' Tod dessen Waffen zugesprochen hatten. Odysseus würde ihm gern die Hand zur Versöhnung reichen, aber er wagt es nicht. Dennoch spricht er ihn an:

»O Ajax, Sohn des Telamon, mußt du selbst nach dem Tode, hier in der Schatten Reich, den Groll forttragen wegen der Rüstung? Wohlan, o König, bezwinge den Zorn des erhabenen Herzens.«

(vgl. ebda., XI, 551–553)

Doch Ajax antwortet nicht: Er erhebt sich und mischt sich wieder unter die Seelen der anderen Verstorbenen.

Aeneas

Noch ein weiterer Held aus dem trojanischen Krieg gelangt auf seiner Reise in die Unterwelt. Es ist Aeneas, der aus dem zerstörten Troja übers Meer geflohen ist. Von seinem Schiff aus ist schon die kampanische Küste in Sicht. Wenige Stunden zuvor ist sein Steuermann Palinurus am Steuer eingeschlafen, über Bord gegangen und ertrunken (der erste überlieferte Fall von Übermüdung am Steuer mit tödlichem Ausgang in der Geschichte des Verkehrswesens). Aeneas merkt, daß das Schiff vom Kurs abkommt, und übernimmt selbst das Kommando. So legt also das Schiff unserer Vorfahren – Aeneas gilt als Stammvater Italiens – an der euböischen Küste von Cumae an. Nur wenige Schritte von dort entfernt liegt der Averner-See. Jeder, der schon einmal Gelegenheit hatte, diesen furchtbar tristen See zu besuchen, wird zweifellos mit Vergil übereinstimmen, der diesen Ort als wahrscheinlichsten Übergang von der Welt der Lebenden zu der der Toten bezeichnet. Von der kargen Vegetation um die Schwefelgruben herum bis zu den unheimlichen Echos aus der Höhle der Sibylle trägt alles zu der gruseligen Atmosphäre bei. Und Vergil war ein Mensch, der etwas von Magie verstand.

Aeneas wirft Anker und geht mit der ganzen Besatzung an Land. Nach wenigen Metern schon steht er vor der Höhle der Sibylle.

In den euböischen Fels ist tief eine riesige Grotte eingehauen, sie hat an die hundert Gänge und Münder, ebenso oft erschallt daraus der Spruch der Sibylle.
(vgl. Vergil: *Aeneis*, Sechster Gesang, Verse 42–44)

Diese Sibylle war eine alte Dame von siebenhundert Jahren, oder besser, eine Seherin, die an diesem Ort eine mittlerweile siebenhundertjährige Tradition im Weissagen fortsetzte. Aeneas möchte sie befragen, um die genaue Stelle in Italien zu erfahren, wo er seine Stadt gründen soll. Er will eintreten, doch etwas hält ihn zurück.

»Was zögerst du, Troer?« ruft die Sibylle. »Wisse, wenn du säumst mit Gebet und Gelübden, werden sich dir niemals die weiten Schlünde meines Hauses öffnen.«
»O hehre Prophetin, die du die Zukunft ahnst«, antwortet Aeneas, »sage mir, ob es recht ist, daß die Teukrer in La-

tium siedeln, samt ihren irrenden Göttern und Trojas vertrie-
benen Laren. Wenn dem so ist, so soll dir, dem Apollon und
der Diana aus schönstem Marmor ein Tempel errichtet sein.
Doch bitte ich dich, nicht auf Blättern erteile dein Orakel,
daß sie nicht wirr durcheinander als Spiel der Winde verflie-
gen.«
(vgl. ebda., VI, 51–56)

Und Sibylle kommt seiner Bitte nach.

»O der du endlich die schweren Gefahren des Meeres bestan-
den, Schwereres harrt noch deiner zu Land. Nach Laviniums
Reichen kommen die Dardaner einst, des brauchst du nicht
länger zu sorgen. Doch werden sie einst ihr Kommen verwün-
schen: Kriege erwarten sie, gar grausige Kriege, und rot wird
der Tiber von Blut sich färben. Simois und Skamandros, die
Flüsse der Heimat, werden dir nicht fehlen, da schon in La-
tium lebt ein neuer Achilles, auch er ein Feind der Teukrer.
Und Quelle allen Unheils ist wieder den Troern ein Weib aus
der Fremde, wieder ein fremdes Brautbett.«
(vgl. ebda., VI, 83–93)

Was ist wohl mit der Weissagung, daß Aeneas die Flüsse Simois und Skamandros nicht fehlen werden, gemeint? Nun,
die Sibylle sagt ihm damit voraus, daß sein Leben auch in der
neuen Heimat Latium überaus hart sein wird, praktisch genauso hart wie in Troja, der Stadt, die er nach der Zerstörung
verlassen hat. Was Achilles und die Frau aus der Fremde angeht, warnt ihn die Prophetin vor Turnus und dessen Braut
Lavinia. Nachdem Aeneas sie dem König der Rutuler ausge-
spannt haben wird, wird sie ähnlich wie die schöne Helena
zum Zankapfel in einem fürchterlichen Krieg.
 Aeneas, kühner geworden, fragt jetzt die Sibylle, ob es wahr
sei, daß es in jener Gegend eine unterirdische Öffnung gebe,
die direkt zum Reich der Toten führe:

»Wie man erzählt, sei hier das Tor des Fürsten der Tiefe, und finster ein Sumpf, wo der Unterwelt Fluß Acheron sich staut. So sei mir vergönnt, mich dem Blick und der Stimme meines teuren Vaters Anchises zu nähern, den ich auf eigenen Schultern den Flammen und tausend verfolgenden Speeren entrissen. Ich bitte dich, erbarme dich des Sohnes und des Vaters und weise den Weg zu dem heiligen Eingang mir!«

Und die Sibylle antwortet:

»Du Same der Götter, Troer, Anchises Sohn, leicht geht es hinab zum Avernus, nachts wie tags steht offen die Pforte des finsteren Gottes. Aber den Schritt zu wenden und wieder zum Lichte zu steigen, das macht Mühe und Not. Doch reizt dich wirklich solch törichter Wahnsinn, so höre, was zu tun: Es sproßt an beschattetem Baume golden ein Zweig, brich ihn ab, denn nach ihm verlangt die schöne Proserpina als ihr erkornes Ehrengeschenk. Tue wie dir gesagt, und ich selbst werde dich in die Unterwelt führen.«
(vgl. Ebda., VI, 105–141)

Verzweifelt bemüht sich Aeneas, diesen Zweig zu finden, doch erfolglos. Als er schon aufgeben will, erblickt er plötzlich zwei Tauben (offenbar von seiner Mutter Venus gesandt), die kurz zum Himmel aufsteigen und dann zu einem bestimmten Punkt im Wald hinabstoßen, um seine Aufmerksamkeit auf sich zu lenken. Ihrem Flug folgend, fällt es dem Held nicht mehr schwer, den goldenen Zweig abzubrechen und der Sibylle zu bringen.

Es war da eine Höhle mit weitem, gähnendem Schlund, zackig, von finsterem See umschäumt, den noch niemals ein Vogel ungestraft überflogen, so stark entquoll dem finsteren Rachen dicker Dunst und dampft hinauf zum Himmelsgewölbe. Darum gaben die Griechen dem Ort den Namen Aornos.
(vgl. ebda., VI, 237–242)

Wörtlich schreibt Vergil: *Unde locum Grai dixerunt nomine Aornum*, wobei aus dem lateinischen *Avernum* das griechische *Aornos* geworden ist (das privative α plus *ornis*, das heißt: »ohne Vögel«).

Hierher brachte zuerst die Priesterin jene vier schwarzen Stiere und besprengte mit Wein die Stirnen der Tiere. Rief dann Hekate laut, die im Himmel und Erebus waltet. Aeneas aber schlachtete ein schwarzes Lamm der Furienmutter, und Proserpina eine milchlose Kuh mit dem Schwerte. Und endlich brüllte unter dem Fuße der Boden, die waldigen Höhen bebten, und Hundegeheul schien durch die Schatten zu tönen bei dem Nahen der Göttin.
(vgl. ebda., VI, 243–257)

Die Sibylle fordert Aeneas' Gefährten nun auf, zurückzubleiben:

»Fort, Ungeweihte, von dannen«, ruft die Seherin laut, »entweicht aus dem heiligen Haine! Doch du, Aeneas, zieh das Schwert aus der Scheide, jetzt bedarfst du des Mutes und eisernen Herzens.

Schon am Eingang selbst, an den vordersten Schlünden des Orkus, haben ihr Lager der Gram und das Schlechte Gewissen errichtet, bleiche Krankheiten wohnen daselbst und das traurige Alter, dann Hunger und Angst, die schlechten Ratgeber, dazu garstige Armut und Not; dann auch der Schlaf, der Bruder des Todes, und der Tod selbst und der mordende Krieg und die bösen Gelüste auf der anderen Seite des Eingangs;
(vgl. ebda., VI, 258–279)

Aeneas und die Sibylle sind sogleich von Dutzenden von Horrorgestalten umgeben, darunter die Kentauren, Skylla, der hundertarmige Riese Briareus, das Untier Lerna, die Chimära, die Gorgonen und Harpyien. Doch es besteht eigentlich kein Anlaß zu Furcht, da es sich bei den Monstern, ähnlich wie in einer Geisterbahn auf dem Rummelplatz, mehr oder weniger um Trugbilder handelt.

Fester faßt da Aeneas in plötzlichem Schrecken das Schwert und hält gezückt den Stahl den Scharen entgegen. Doch die kundige Führerin belehrt ihn, es wären alles nur körperberaubte und wesenlos flatternde Bilder, die kein Schwert je zu treffen vermag.
(vgl. ebda., VI, 290–294)

Nun folgen die Etappen, die bei allen Reisen in die Unterwelt quasi obligatorisch sind: zunächst die Begegnung mit Charon, dem häßlichen, gemeinen Fährmann, dann das Übersetzen über den Styx und die Bekanntschaft mit Zerberus, dem dreiköpfigen Höllenhund (an den die Sibylle einen mit einem Schlafmittel getränkten Brotfladen verfüttert), bis schließlich die eigentliche Welt der Toten erreicht ist.

Und schon ließen Stimmen sich hören und lautes Gewimmer, weinende Schatten von Kindern, die früh an der Schwelle des Lebens ihres Daseins beraubt und vom Busen der Mutter gerissen. Nebenan weilen jene, die zu Unrecht mit dem Tode bestraft. Minos verhört sie und prüft nun forschend Verschuldung und Leben. Ihnen hausen zunächst die Traurigen, die sich dem Tod schuldlos mit eigener Hand geweiht: Wie gerne droben im hellen Tage würden sie jetzt Beschwerden und Armut ertragen! Doch sie haben ihr Schicksal gewählt, und nun fesselt sie des widrigen Sumpfes traurige Flut. Nicht fern von hier nun dehnen sich aus weite Trauergefilde, denn so nennt man sie wohl mit passendem Namen: Alle, die gestorben in schwerem Liebeskummer, wandeln hier einsame Pfade, aber der Gram verläßt sie nicht einmal im Tode. Phädra gewahrt man da und Prokis und auch Eriphyle. Euadne ist hier, Pasiphae und Laodameia.
(vgl. ebda., VI, 426–447)

Dummerweise ist unter den Selbstmörderinnen auch Dido, die phönizische Königin, die sich nicht lange zuvor wegen Aeneas umgebracht hatte. Und der Held wußte nichts davon, sonst hätte er es sich wahrscheinlich zweimal überlegt, in die Unterwelt hinabzusteigen. Kenner der *Aeneis* wissen, daß Dido Aeneas lange Zeit in Karthago Unterkunft gewährt hatte (wobei sie sich leidenschaftlich in ihn verliebte) und daß Aeneas sich, nachdem er es sich ein Jährchen in ihrem Palast hatte gutgehen lassen, eines Tages davonmachte, ohne einen Gedanken daran zu verschwenden, wie sie damit zurechtkommen würde.

Als er sie nun vor sich stehen sieht, als Schatten unter den Schatten, weiß der Ärmste natürlich nicht, wie er sich verhalten soll. Er brummelt und stottert und sagt schließlich:

»O unglückselige Dido, so war die Kunde doch richtig, daß du dich mit deinem eigenen Schwerte getötet. War es um meinetwillen? Doch bei den Göttern da droben, bei den Gestirnen schwör' ich: Nur ungern, Königin, habe ich deine Gestade verlassen. Aber der Götter Befehl trieb mich ja unerbittlich. Wie konnte ich wähnen, daß jemals dir so schrecklicher Schmerz durch meinen Abschied entstünde?«
(vgl. ebda., VI, 456–464)

Ein ganz schöner Heuchler, unser Held Aeneas. Denn Dido hatte ihm gegenüber an dem Tag, als er sich zur Abreise rüstete, keine Zweifel an ihren Gefühlen gelassen! Gehen wir einen Schritt zurück und schauen uns an, was Dido Aeneas im vierten Gesang der *Aeneis* (Verse 373–387) zum Abschied sagt:

»Nirgends mehr gibt es Treue; den hilflos gestrandeten Bettler nahm ich Törin hier auf und gab ihm Teil an der Herrschaft, rettete vom Verderben die Flotte, die Freunde vom Tode. Und nun sagst du mir, Apollon, ein lykischer Orakelspruch oder gar Jupiter selbst hätten dir durch Götterboten den Befehl

zum Aufbruch erteilt. Haben die Götter keine anderen Sor-
gen? Doch ich halte dich nicht, will dein Wort nicht prüfen.
Such dein Italien nur, dein Reich hinter Winden und Wellen.
Aber ich hoffe, du wirst, wenn gnädige Götter noch walten,
zwischen Klippen noch büßen und immer wieder den Namen
Dido rufen. Von fern werde ich dir folgen mit grausen Flam-
men, und wenn der Tod mir kalt die Glieder entseelt, wird
allerorten mein Schatten erscheinen. Dann büßt du, Verruch-
ter.«

Nun, viel klarer hätte sie sich nicht ausdrücken können. Üb-
rigens hat auch Ovid das Thema aufgegriffen und Dido einen
imaginären Brief an Aeneas schreiben lassen (wer weiß, ob
sie wirklich schreiben konnte), einen Tag, nachdem dieser in
See gestochen war. Hier einige Auszüge daraus:

Vernimm den Gesang der sterbenden Dido:
Was du hier liest, es ist, glaub es, das letzte von mir.
So singt, wenn ihn ruft das Geschick, matt liegend im
*   feuchten*
Grase, der weiße Schwan an des Maeanders Geflut.
Nicht, weil durch mein Flehn ich hoffte, dich zu
*   bewegen,*
Sprech' ich zu dir: Zum Feind hab' ich den Himmel
*   dabei.*
Doch da Verdienste und Ruhm, den reinen Leib und die
*   Seele*
Schlimm ich verlor, ist es leicht, Worte verlieren an dich.
Gehen willst du ja doch und die arme Dido verlassen:
Wird doch der nämliche Wind Segel und Treue verwehn.
Bist mit den Schiffen zugleich den Bund zu lösen
*   entschlossen,*
Suchend ein Reich, von dem du noch nicht weißt, wo es
*   liegt.*
Und es halten dich nicht Karthagos wachsende Mauern
Noch die Königsgewalt, welche ich hier dir verliehn.

Fertiges fliehst du, zu Schaffendes suchend: Suchen das
    eine
Mußt du, gefunden bereits hast du das andere Land.
Wenn du auch fändest das Land: Wer wird's zum
    Beherrschen dir schenken?
Wer hingeben sein Feld Fremden als eignen Besitz?
Andere Liebe mußt, eine andere Dido du suchen,
Nochmals geben dein Wort, daß du noch einmal es
    brichst.
Wann wirst du dir eine Stadt, die Karthago gliche,
    erbauen?
Wann überschauen dein Volk hoch von der eigenen
    Burg?
Wenn dir auch alles geläng' und nicht deine Wünsche
    dich täuschten:
Woher nähmst du ein Weib, das dich so liebte wie ich?
Ja, ich brenne wie Fackeln aus Wachs, von Schwefel
    durchzogen,
Brenne, wie Weihrauch brennt hell auf dem Opferaltar.
Immer steht vor der Wachenden Blick das Bild des
    Aeneas,
Nur den Aeneas führt Tag mir und Nacht vor den Sinn.
Undankbar zwar ist er und taub für meine Geschenke;
Wär' ich zu töricht nicht, sollte ich ohne ihn sein.
Dennoch hass' ich ihn nicht, obgleich er übel gesinnt
    ist:
Wenn ich auch klage, ich lieb', ach, den Verräter noch
    mehr. [...]
Wenn nicht, hab' ich im Sinn, mein Lebensblut zu
    vergießen:
Grausam kannst du dann nicht lange mehr gegen mich
    sein.
Sähest du doch, welch Bild ich biete im Schreiben: Die
    Hand schreibt,
Und auf dem Schoße gezückt liegt dein trojanisches
    Schwert.

Tränen entströmen dem Aug' und fallen herab auf das
Eisen,
Das, statt von Tränen, nun bald röten vom Blute sich
wird.
Dieses Geschenk von dir – wie paßt es zu meinem
Geschick nun!
Wenigen Aufwand macht's dir, zu bereiten mein Grab.
Nicht ja wird von Waffen erst jetzt die Brust mir
getroffen:
Schmerzliche Wunden gab Liebe dem Herzen bereits.
Schwester, die du mir nicht zum Heil Vertraute der
Schuld warst,
Meiner Asche gewährst bald du das letzte Geschenk;
Und, hat die Glut mich verzehrt, soll nicht »Des
Sychaeus Elissa«,
Sondern dieses Gedicht stehn auf dem Marmor des
Grabs:
»Grund zum Tod und das Schwert hat mir Aeneas
gegeben.
Selber tötete sich Dido mit eigener Hand.«
(Ovid: *Heroides*, Briefe der Sagenfrauen, VII)

Stellen wir uns nun die Begegnung der beiden in der Unterwelt vor: Er streckt die Arme zu ihr aus, und sie dreht ihm
den Rücken zu.

So versuchte Aeneas der finster blickenden Dido glühenden
Zorn mit Worten zu mildern, und Tränen vergoß er. Sie aber
wandte sich ab, die Augen zu Boden geheftet, und der Worte
Versuch bewegte ihr Antlitz nicht stärker, als ob harter Granit
oder parischer Marmor da stünde. Endlich rafft sie sich auf,
und unversöhnlich entflieht sie in den schattigen Hain, wo
ihr früherer Gatte Sychaeus ihr in zärtlichem Gruß die Liebe
mit Liebe erwidert.
(vgl. Vergil, *Aeneis*, VI, 467–474)

Man kann sich denken, wie schlecht Aeneas sich jetzt fühlen muß. Am liebsten würde er ihr hinterherlaufen, um ihr noch einmal zu erklären, daß er durch den Befehl der Götter zum Aufbruch gezwungen war. Aber er kommt nicht mehr dazu, denn die Sibylle mahnt ihn: »*Nox ruit, Aeneas!*«

»Naht doch die Nacht, Aeneas, und wir durchjammern die Stunde. Hier ist der Platz, wo der Weg nach beiden Seiten sich spaltet! Rechts steigt er hinauf nach Elysium, aber zur Linken führt er zu des Tartarus Schrecken, wo man die Bösen mit Qualen straft.«

Umschau hielt Aeneas, und plötzlich links auf dem Felsen sah er die breite Burg, umgeben von dreifacher Mauer, wo des Tartarus Strom, Phlegethon, dahinrauscht. Dort ragt ein eiserner Turm in die Lüfte, wo Tisiphone sitzt, gegürtet mit blutigem Mantel, und dort Tag und Nacht die Schwelle schlaflos behütet.

(vgl. ebda., VI, 539–557)

Doch Aeneas ist nicht gesinnt, die Stadt der Qualen zu besuchen. Mittlerweile hat er genug vom Geschrei und Gejammer der Verdammten. Er will nur noch seinen Vater, den alten Anchises, treffen, und wo sollte er ihn finden, wenn nicht auf den Elysischen Feldern, dem Paradies also! Und tatsächlich begegnet er ihm hier, am Ende eines Tals.

Als Anchises nun Aeneas sah sich nähern über den Anger, streckte er freudig bewegt ihm beide Hände entgegen, Tränen flossen ihm nieder, dem Munde enteilten die Worte:

»Kommst du endlich, mein Sohn, und half dir die ständige Liebe zum Vater über die Mühen des Weges?«

Drauf Aeneas: »Dein Bild, dein trauerndes Abbild, mein Vater, stand mir so oft vor Augen und zog mich in diese Gefilde. Reiche mir, Vater, die Hand, und entziehe dich nicht meiner Umarmung.«

Strömende Tränen rannen bei diesen Worten ihm nieder.

Dreimal versuchte er um den Hals die Arme zu schlingen,
dreimal umsonst: Gleich einem flüchtigen Traumbild entfloh
er den tastenden Händen.
(vgl. ebda., VI, 684–701)

Anchises zeigt seinem Sohn jetzt die Seelen noch nicht ge-
borener Menschen, vor allem jene, die von seinem Blute abstammen werden. So beginnt eine Art Defiliermarsch der be-
rühmtesten Persönlichkeiten der glorreichen römischen Geschichte. Zunächst zeigt Anchises dem Aeneas Silvius, seinen
jüngsten Sohn, den ihm Lavinia gebären wird, dann Prokas,
Kapys, Numitor und einen anderen Silvius. Schließlich Ro-
mulus und dessen Nachfahren.

»Wende nunmehr den Blick und schau da drüben die Sippe
deiner Römer; da siehst du Caesar und der Julier ganzes Ge-
schlecht, bestimmt, dereinst in den Himmel zu steigen. Der
ist der Mann, der dir so häufig verhießen, Caesar Augustus,
des Göttlichen Sohn, die goldenen Zeiten bringt er nach La-
tium wieder, wo einst Saturnus regierte. Fern über Garaman-
ten und Inder wird er des Reiches Grenzen dehnen.«
(vgl. ebda., VI, 788–795)

Diese Präsentation der großen römischen Feldherrn bringt
Ovid davon ab, weiter von der ergreifenden Begegnung zwischen Vater und Sohn in der Unterwelt zu berichten. Schade
vielleicht, aber schon verständlich. Dem Ärmsten waren
nämlich gerade seine Ländereien in der Gegend von Man-
tua konfisziert worden (der Staat hatte sie ihm abgenommen,
um sie den Veteranen der Schlacht von Philippi zu übereig-
nen), und nur durch die Unterstützung des Kaisers hätte er sie
zurückbekommen können. Wie hätte er in dieser Situation
der Versuchung zu einer schönen Lobhudelei widerstehen
sollen?

Orpheus

Orpheus, der erste Liedermacher in der Geschichte der Menschheit, von dem wir Kunde haben, war ein wirklich ausgezeichneter Sänger. Aber wie hätte es auch anders sein können bei einem Sohn von Apollon, dem Gott der Musik, und Kalliope, der Muse der Sangeskunst? Wenn Orpheus zu singen begann, geschahen die erstaunlichsten Dinge: Die Vögel im Himmel kamen zu ihm herab und bildeten, wie Hubschrauber in der Luft stehend, um seinen Kopf herum eine Art Heiligenschein, und die Fische steckten die Köpfe aus den Wellen, um seinem Gesang besser lauschen zu können. Ja, sogar Bäume und Berge wanderten losgelöst von der Erde zu ihm, wenn er seine Stimme erhob.

Sein Repertoire umfaßte hauptsächlich Liebeslieder, denn *Orpheus Euridicem Ninpham amavit*, das heißt, er liebte eine Nymphe namens Eurydike. Leider war er da nicht der einzige. Er hatte einen Nebenbuhler, den finsteren Aristaios – wie Orpheus selbst ein Sohn des Apollon –, der der schönen Nymphe nachstellte. Aristaios gehörte zu den Männern, die bei Frauen schnell zur Sache kommen, und wenn ihm ein Mädchen gefiel, hielt er sich nicht lange mit romantischen Schmeicheleien auf, sondern machte sich sofort über sie her.

Als Eurydike nun eines Tages nackt in einem See badete, geschah das Unglück. Poliziano, der toskanische Renaissance-Dichter, beschreibt es:

Nun schweigt und hört: Es war einmal ein Hirte, welcher Aristaios hieß, Sohn des Apoll, dem sich der Sinn in Leidenschaft verirrte zu Eurydike, Orpheus' Weib. Vor Liebe toll verfolgt' er eines Tages die Verwirrte und bracht' ihr Unheil, gram- und grauenvoll; gebissen ward die Flüchtende von einer Schlange und stürzte tot am Flusse mit entfärbter Wange.
(Angelo Poliziano: *Die Tragödie des Orpheus*, S. 7)

Als Eurydike den Nachstellungen des Rohlings zu entkommen versuchte, war sie also auf eine Viper getreten und gebissen worden. Doch wessen Schuld war das? Ovid zufolge die des stürmischen Aristaios, doch für Poliziano traf auch diesen keine Schuld, weil er in seiner Verliebtheit gar nicht anders handeln konnte. Er soll sogar noch, als er hinter Eurydike her lief, gerufen haben:

> *Flieh nicht, Mädchen, halt inne!*
> *Freundliches hab' ich im Sinne,*
> *liebe dich mehr als mich selbst und mein Sein.*
> *Schöne Nymphe, ach, flüchte*
> *nicht! Höre, was ich dir berichte.*
> *Steh doch! Du sollst meiner Liebe dich freun!*
> (ebda., S. 23)

Doch Eurydike wollte von diesen Liebesschwüren nichts hören, sie floh weiter, und das wurde ihr schließlich zum Verhängnis. Ein Schäfer überbrachte Orpheus die traurige Nachricht:

> *Bittre Kunde, Orpheus, geb' ich dir zu wissen:*
> *Deine schönste Nymphe ist verblichen.*
> *Dort, am Fluß, hat sie der Tod entrissen.*
> *Als sie des Aristaios Brunst entwichen,*
> *hat die giftige Schlange sie gebissen,*
> *die durch Gras und Blumen hin geschlichen.*
> *Jäh und tückisch kam der Zahn geschossen:*
> *Lauf und Leben ward in eins beschlossen.*
> (ebda., S. 31)

Wir können uns vorstellen, wie verzweifelt Orpheus war und wie viele Tränen er zunächst vergoß. Doch dann machte er sich daran, der toten Geliebten zu Ehren ein paar Dutzend

Lieder zu komponieren, die auch Löwen, Berge und Eichen zum Weinen brachten. Dabei kam ihm eine Idee.

»Heiliger Strohsack!« rief er aus (er wird wohl nicht wörtlich »Heiliger Strohsack« gerufen haben, aber etwas Ähnliches), »wenn ich es schon schaffe, allein mit der Macht meines Gesangs die gesamte Natur – Tiere, Wälder und Berge – für mich zu gewinnen, warum sollte mir da nicht das gleiche bei den Göttern der Unterwelt gelingen? Wer weiß, vielleicht lassen sie sich von meinem Gesang erweichen und geben mir meine Eurydike zurück.«

Gesagt, getan. In einer Höhle findet er einen Gang, der steil hinab ins Erdinnere führt. Er zwängt sich hinein und läßt sich nach unten gleiten, bis ihm plötzlich ein Fluß den Weg versperrt. Es ist der Styx, der trübe Strom, der die Welt der Lebenden von der der Toten trennt. Und hier trifft er, wie nicht anders zu erwarten, auf Charon, den »Fährmann fahler Sümpfe«, wie es in Dantes *Göttlicher Komödie* heißt.

Bekanntlicherweise ist dieser Charon ein dreckiger, übelriechender alter Mann, der auch noch Geld für die Überfahrt verlangt, obwohl er die Seelen der Verstorbenen selbst rudern läßt. (Daher war es bei den alten Griechen Brauch, den Toten eine Münze zwischen die Zähne zu stecken, damit sie den Fährmann bezahlen konnten.) Sobald Charon, »der Dämon mit den Glutaugen« (Dante), Orpheus singen hört, versteht er die Welt nicht mehr. Er bringt ihn nicht nur gratis (und selbst rudernd) ans andere Ufer, sondern folgt ihm auch noch mit verzückter Miene ein Stück des Wegs.

Das zweite Wesen, dem Orpheus begegnet, ist Zerberus, der Höllenhund mit den drei Köpfen. Er bewacht das Totenreich, das heißt, er läßt die Lebenden nicht rein und die Toten nicht raus. Zur Beschreibung von Zerberus greife ich noch einmal auf den »Göttlichen Poeten« zurück:

Das grimmige Hundescheusal, Zerberus,
läßt hündisch aus drei Rachen sein Gebell
auf Menschen, die in Schlamm versinken, los.

Mit laufenden Augen, schmierigem Schnauzbart,
geblähtem Wanst und krallig scharfen Pfoten
zerkratzt, zerreißt und schindet er die Seelen.
(Dante: *Die Göttliche Komödie*. Hölle, Sechster Gesang,
Verse 13–18)

Und auch Zerberus läßt sich von der Schönheit des Gesangs einnehmen: Er winselt ein wenig und kauert sich dann
in einer Ecke zusammen. Von diesem Moment an scheint
das »Leben« in der ganzen Unterwelt stillzustehen, weil alles Orpheus lauscht. Die Qualen der Verurteilten hören auf:
Tantalos hat weder Hunger noch Durst; das Feuerrad, auf
das Ixion geflochten ist, bleibt stehen; Sisyphos kann sich neben seinem Felsbrocken ausruhen, und die Geier hören auf,
an Tityos' Leber zu zerren. Doch das ist noch nicht alles:
Die Seelen der Verstorbenen kommen zu Tausenden aus den
entferntesten Ecken des Reiches der Finsternis zusammen.

Doch, von seinem Gesang bewegt, aus des Erebus Tiefen
Schwebten Schatten heran, dem Licht entrissene Bilder:
Wie sich die Vögel im Laub zu vielen Tausenden bergen,
Wenn sie vom Berg wegscheucht der Abend,
*   der Regen des Winters,*
Also kamen heran die Mütter, die Männer, der Helden
Lang verblichne Gestalt und Knaben und
*   bräutliche Jungfraun,*
Jünglinge auch, vor der Eltern Aug' gelegt
*   auf den Holzstoß.*
(Vergil: *Georgica. Vom Landbau*, IV, 471–477)

Diese Verse sind so wunderschön, daß ich sie Vergil zu Ehren
hier noch einmal im Original wiedergeben will.

At cantu commotae Erebi de sedibus imis
umbrae ibant tenues simulaque luce carentum,
quam multa in foliis avium se milia condunt,
vesper ubi aut hibernus agit e montibus imber,
matres atque viri defunctaque corpora vita
magnanimum heroum, pueri innuptaeque puellae
impositique rogis iuvenes ante ora parentum.

Schließlich steht Orpheus vor dem Thron von Hades und Persephone, den Herrschern der Unterwelt. Singend bittet unser Liedermacher die Götter, ihm Gnade zu gewähren und seine Geliebte zurückzugeben. Und hier nun, vielleicht nicht ganz wörtlich, der Text seines Liedes:

Ihr Herrscher über alle diese Wesen,
die nun das Köstlichste, das Licht, entbehren,
zu denen steigt, was einst Geschöpf gewesen,
der Elemente, der Natur, der lichten Sphären,
hört meines Jammers Grund: Wir sind erlesen
zu Opfern Amors – niemand kann ihm wehren.
Nicht Zerberus zu zähmen, stieg ich nieder –
um die Geliebte klagen meine Lieder.
Im Gras versteckt, entriß mir eine Schlange
das Mädchen meines Herzens, das ich liebte.
Nie hat mein Leben größres Leid empfangen,
nie war ein Gram, der so mein Herz betrübte.
Wenn ein Erinnern euch noch färbt die Wange
an jenen alten Raub, den Hades übte –
bei eurer Liebe Ruhm ich euch beschwöre:
Gebt Eurydike frei, daß sie mir neu gehöre.
(Angelo Poliziano: *Die Tragödie des Orpheus*, S. 40–41)

Doch die Götter sind noch nicht überzeugt und überlegen hin und her, ob sie die Regeln der Unterwelt wirklich verletzen sollen. Daher versucht es Orpheus mit dem Argument, daß

Eurydike ihre *iustos annos*, also die ihr von Rechts wegen zustehenden Jahre, noch nicht alle gelebt hat, und bittet um einen Aufschub:

> *... Bei diesem unendlichen Chaos,*
> *Hier bei den Stätten des Grauns und der Öde des weiten*
>   *Gebietes*
> *Fleh' ich zu euch: Knüpft neu Eurydikes bitteres*
>   *Schicksal!*
> *Alle gehören wir euch, und wir eilen nach kurzem*
>   *Verweilen*
> *Früher und später hinab zu dem einen gemeinsamen*
>   *Wohnsitz;*
> *Hierher müssen wir alle, und dies ist die letzte*
>   *Behausung.*
> *Über das Menschengeschlecht übt ihr die dauerndste*
>   *Herrschaft.*
> *Sie auch fällt, wenn reif sie verlebt die gebührenden*
>   *Jahre,*
> *Eurem Recht anheim. Gönnt uns nur noch die*
>   *Gemeinschaft.*
> *Weigert der Gattin die Gunst das Geschick, so bin ich*
>   *entschlossen,*
> *Nimmer von hinnen zu gehn. Dann freu' euch zweier*
>   *Vernichtung.*«
>
> (Ovid: *Metamorphosen*, X, 29–39)

Hades läßt sich tatsächlich von diesen Worten erweichen und gestattet Orpheus, Eurydike mit sich zu nehmen. Unter der Bedingung allerdings, daß er ihr, solange sie sich in Hades' Reich befinden, nicht ins Gesicht schaut.

> *So sei sie dein. Doch ist dir aufgegeben,*
> *niemals dein Auge zu ihr aufzuheben,*
> *eh sie das Reich der Lebenden erstiegen.*

Blick dich nicht um auf eurem Wege! Erliege
nicht deines Herzens eitlem Streben!
(Angelo Poliziano: *Die Tragödie des Orpheus*, S. 43)

Daß man den Seelen der Toten nicht ins Gesicht sehen durfte, muß ein ehernes Gesetz der Unterwelt gewesen sein: So hat Orpheus auch, während er singend Hades und Persephone um Gnade anflehte, die beiden nicht angeblickt.

Also beginnt der Wiederaufstieg: Orpheus, der auf seiner Leier spielt, geht voraus, ihm folgt mit nur wenigen Schritten Abstand Eurydike, in einen weißen Schleier gehüllt, und am Schluß des Zuges kommt Hermes, der göttliche Wächter, der bezeugen soll, daß die beiden Liebenden sich keinen Moment lang angesehen haben.

Carpitur acclivis per muta silentia trames,
arduus, obscurus, caligine densus opaca.
(Ovid: *Metamorphosen*, X, 52)

Auf gut deutsch: »Und sie steigen hinan in stummem Schweigen, auf steilem, düsteren Pfade, von schattenden Dünsten umwoben.«

Orpheus ist zunächst verwirrt, weil er sich keineswegs sicher ist, ob Eurydike ihm folgt. Tatsächlich hört er ja keinen Laut hinter seinem Rücken, keine Schritte, kein Atmen... nichts. Ob die Götter ihn auf den Arm genommen haben? Haben sie ihm vielleicht nur vorgemacht, daß Eurydike mit ihm gehen könne, damit er sie in Ruhe läßt? Doch dann überlegt er sich: Ich kann ja gar nichts hören, weil Tote keine Geräusche machen. Trotzdem würde er sich gern umdrehen, wagt es jedoch nicht, weil Hades und Persephone in dieser Sache wirklich sehr streng waren: »Hüte dich«, hatten sie gesagt, »sobald du dich umdrehst, hast du sie für immer verloren!« Da plötzlich hört er ihre Stimme: ein zartes, leises Stimmchen wie ein Wehklagen. Eurydike führt ihn in Versuchung: Sie fleht ihn an, sich zu ihr umzuwenden...

»Mein Liebster, warum siehst du mich nicht an? Bin ich vielleicht so häßlich geworden, daß du den Anblick nicht erträgst? Oder liebst du mich vielleicht nicht mehr?«

»Nein, nein, ich darf mich nicht umdrehen«, schreit Orpheus zurück, »das ist nicht Eurydikes Stimme. Es sind die Götter der Hölle, die mich auf die Probe stellen wollen!«

Aber sie gibt nicht auf: »Liebster, mir ist kalt: Nimm mich in die Arme, wie du es früher so oft getan hast. Ich sehne mich nach deiner Zärtlichkeit.«

Orpheus widersteht, und endlich gelangt er ins Freie. Kaum daß er auf seinem Gesicht die Wärme der Sonnenstrahlen spürt, dreht er sich um. Und da geschieht es. Seine Eurydike hat den Gang noch nicht vollkommen verlassen und befindet sich noch wenige Zentimeter im Hades. Jetzt gibt es keine Rettung mehr. Das Mädchen wird wieder von den Mächten der Finsternis verschluckt und verschwindet für immer.

Manche behaupten, Eurydike sei etwas zurückgeblieben, weil ihr der Knöchel, dort, wo die Schlange sie gebissen hatte, so sehr geschmerzt habe.

> *Schon ganz nahe dem Licht, besiegt vom Gefühl*
> *und vergessend,*
> *Stand er still und sah nach seiner Eurydike rückwärts:*
> *Da war alles Mühen dahin, die Bedingung gebrochen,*
> *Die ihm der König gestellt, und dreimal krachte*
> *der Orcus.*
> (Vergil: *Georgica*, IV, 490–493)

Bevor sie ins Nichts entschwindet, findet Eurydike noch Zeit zu rufen:

> *»Was für ein Wahn hat mich, die Ärmste, vernichtet?«*
> *so sprach sie,*

»*Und auch dich, mein Orpheus? Ruft mich das*
   grausame Schicksal
Wieder zurück? Soll das weinende Aug' wieder
   Schlummer bedecken?
Lebe du wohl! Mich trägt es dahin ins gewaltige
   Dunkel.
Kraftlos streck' ich die Hände nach dir, nun nie mehr
   die Deine!«
Sprach's, und plötzlich dem Blick entschwindend wie
   Rauch, der in dünne
Lüfte verfliegt, glitt sie abwärts zur Nacht und blickte
   zurück nicht,
Als nach dem Schatten er griff und so viel noch begehrte
   zu sagen.
(ebda., IV, 494–501)

Nachdem er nun Eurydike zum zweiten Mal verloren hat,
flüchtet sich der verzweifelte Orpheus ganz in seine Musik.
Vielleicht ist so die Lebensweisheit »Singe, um den Schmerz
zu betäuben« entstanden. Das jedenfalls empfiehlt auch Ovid,
der in seinem Werk *Tristia* den Gesang als einziges Mittel
preist, das uns in manchen Situationen bleibt, um das Leben
erträglicher zu machen.

Leser, wenn sich in meinen Gedichten viele Fehler finden,
(und das wird der Fall sein), so betrachte sie durch ihre Ent-
stehungszeit für entschuldigt. Ich war ein Verbannter und
suchte Erholung, nicht Ruhm, damit mein Geist nicht stän-
dig von seinem Unglück gebannt sei.
   Deshalb singt auch der mit Fußketten gefesselte Landar-
beiter, wenn er sein schweres Werk mit kunstloser Melodie
erträglicher macht. Es singt auch der Schlepper, der sich vorn-
übergebeugt in den schlammigen Sand stemmt und langsam
das Schiff flußaufwärts zieht. Wenn sich der Hirt ermüdet auf
seinen Stecken stützt oder auf einen Felsblock setzt, begütigt

*er die Schafe durch seine Melodie auf der Rohrflöte. Es heißt,
auch Achilles habe in seinem Schmerz um die entführte
Brisëis auf der thessalischen Leier seine Sehnsucht gelindert.
Als Orpheus Wälder und harte Felsen mit seinem Singen hin-
ter sich her zog, trauerte er um die zum zweiten Mal verlorene
Gattin.*

(vgl. Ovid: *Tristia*, Viertes Buch, Verse 1–17)

Unzählige Dichter, Schriftsteller und Komponisten haben
sich vom Mythos des Orpheus anregen lassen. Christoph
Willibald Gluck zum Beispiel hat den Stoff zu einer höchst
suggestiven Oper verarbeitet (ich erinnere nur an die berühmte Arie: »*Ach, ich habe sie verloren, all mein Glück
ist nun dahin!*«). In manchen Versionen folgt Eurydike ihrem Geliebten stumm den ganzen Weg aus der Unterwelt
hinauf, in anderen spricht sie zu ihm und führt ihn in Versuchung, doch alle stimmen darin überein, daß Orpheus sich
zu früh zu ihr umwendet und damit die Tragödie auslöst.
Überraschend aber, wie Rainer Maria Rilke in seinem Gedicht *Orpheus, Eurydike, Hermes* Eurydikes Verhalten und
Gefühle beschreibt:

> *Sie aber ging an jenes Gottes Hand,*
> *den Schritt beschränkt von langen Leichenbändern,*
> *unsicher, sanft und ohne Ungeduld.*
> *Sie war in sich, wie eine hoher Hoffnung,*
> *und dachte nicht des Mannes, der voranging,*
> *und nicht des Weges, der ins Leben aufstieg.*
> *Sie war in sich. Und ihr Gestorbensein*
> *erfüllte sie wie Fülle.*
> *[...]*
> *Sie war schon nicht mehr diese blonde Frau,*
> *die in des Dichters Liedern manchmal anklang,*
> *nicht mehr des breiten Bettes Duft und Eiland,*
> *und jenes Mannes Eigentum nicht mehr.*
> *[...]*

Und als plötzlich jäh
der Gott sie anhält und mit Schmerz im Ausruf
die Worte sprach: Er hat sich umgewendet –,
begriff sie nichts und sagte leise: Wer?

Eurydike hat also, Rainer Maria Rilke zufolge, alles vergessen, was ihr Leben einmal ausmachte, und spürt auch kein
Verlangen, zur Erde zurückzukehren. Mit anderen Worten:
Wenn man tot ist, ist man eben tot, das heißt, es ist alles Vor-
herige ausgelöscht. Und vielleicht ist das auch gut so, weil
damit auch kein Schmerz über den Tod spürbar ist.

Auch die Zeit nach dem tragischen Erlebnis verläuft für den
armen Orpheus ziemlich stürmisch. Dem Andenken an die
Geliebte treu, will er von anderen Frauen nichts wissen und
sucht nur noch Kontakt zu jungen Männern. Ovid zufolge soll
er sogar der Erfinder der Päderastie gewesen sein.

Er gab Vorbild auch den thrakischen Stämmen,
  dem zarten
Männergeschlecht in Liebe zu nah'n und die Blüte
  der Jugend,
Und den vergänglichen Lenz vor dem Jünglingsalter
  zu pflücken.
(Ovid: *Metamorphosen*, X, 82–85)

Diese Ablehnung der Frauen kostete ihn letztlich jedoch das
Leben. Eines Tages nämlich stieß der Ärmste auf eine Gruppe
betrunkener Mänaden. Diese Priesterinnen des Dionysos versuchten zunächst, ihn zu verführen, und als das nicht gelang,
fühlten sie sich dermaßen beleidigt, daß sie ihn packten, in
Stücke rissen und seine Glieder in den Fluß Hebrus warfen.

Auf ihr Schwestern, rasch zur Stelle!
Hört den Lästerer, den kecken,
unsre Liebe schmähen. Er sterbe!

Nehmt den Thyrsusstab, brecht Stecken,
weg den Schurz, die hinderlichen Felle!
Schickt den Frevler ins Verderben.
Er verdient, daß wir ihn gerben.
Wie der Schmied ein Sieb – zerstanzt ihn schnelle!
Laßt die Rache uns an ihm vollstrecken.
Sterben laßt ihn und verderben.
(Angelo Poliziano: *Die Tragödie des Orpheus*, S. 51)

Orpheus Kopf jedoch fiel genau auf seine Leier und ging so wunderbarerweise nicht unter. Es heißt auch, daß er, während ihn die Wassermassen forttrugen, noch gesungen habe:

»Ach, Eurydike, Ärmste!« bis ihm die Seele dahinfloh,
Daß ›Eurydike‹ rings an dem Strom nachhallten die Ufer.
(Vergil: *Georgica*, IV, 526-527)

Zeus war gerührt von der traurigen Geschichte und setzte Orpheus' Kopf mitten an den Himmel, ins Sternbild der Leier, und auch heute noch, so heißt es, sei in klaren Sternennächten sein Liebesgesang zu hören.

V

Der Mythos von Protesilaos

Ich muß vorwegschicken, daß er eigentlich gar nicht Protesilaos sondern Iolaos hieß. Der Name Protesilaos bedeutet »unter allen der erste« und wurde ihm erst nach seinem Tod gegeben, weil er der erste Krieger war, der im trojanischen Krieg starb.

Protesilaos hatte kein sehr einfaches Leben. Ja, schon mit seiner Geburt hatte er so seine Schwierigkeiten: Sein Vater Iphiklos, der König von Phylake, war nämlich lange Zeit zeugungsunfähig gewesen. Eines Tages riet ihm der Arzt und Seher Melampus, der dafür berühmt war, die Sprache der Tiere zu verstehen, den Göttern zwei Stiere zu opfern. Und bei dieser Gelegenheit gelang es Melampus, einen kurzen Wortwechsel zwischen zwei Geiern aufzuschnappen, die sich auf den Gebeinen der Opfertiere niedergelassen hatten.

»Wer hat den Göttern diese Stiere geopfert?« fragte der erste Geier.

»Das war Iphiklos, der König von Phylake«, antwortete der andere.

»Hast du auch gehört, daß Iphiklos keine Kinder zeugen kann?«

»Ja, das stimmt, und ich kenne auch den Grund: Eines Tages opferte sein Vater Phylakos auf einem Altar der Artemis einen Widder und warf danach das Messer zu Boden. Iphiklos, der damals noch ein kleiner Junge war, erschrak fürchterlich beim Anblick des Blutes. Um die Klinge zu verstecken, schlug sein Vater das Messer in eine heilige Eiche hinein, wodurch Artemis wiederum furchtbar beleidigt war, so daß sie dem kleinen Iphiklos zur Strafe die Zeugungsfähigkeit nahm.«

Als Melampus auf diese Weise von der Ursache der Nachwuchsprobleme, die Iphiklos peinigten, erfahren hatte, traf er sofort die erforderlichen Maßnahmen: Zunächst zog er das verfluchte Messer aus dem Baum, schabte es dann ab und gab den Rost, in Wein aufgelöst, dem Iphiklos zu trinken. Das Mittel wirkte, und Iphiklos bekam zwei Söhne: Podarkes, der als pfeilschneller Läufer berühmt wurde, und Protesilaos.

Protesilaos war nun, man kann es nicht anders sagen, ein wunderschöner Mann. Daher verwunderte es nicht, daß sich die Tochter des Königs Akastos, Laodameia, die auch eine berühmte Bildhauerin war, in ihn verliebte. Leider hatte Akastos etwas gegen die geplante Heirat. Er meinte, Protesilaos sei nicht reich genug, um um die Hand von Laodameia anhalten zu können.

»Meine liebe Tochter«, sagte Akastos zu ihr, »komm bitte endlich zur Vernunft! In der jetzigen politischen Lage brauchen wir unbedingt starke Bundesgenossen. Du mußt einen Königssohn heiraten. Dieser Protesilaos scheint mir doch eine Nummer zu klein für dich.«

»Aber er ist doch ein Königssohn«, protestierte Laodameia verzweifelt. »Weißt du nicht, daß sein Vater Iphiklos über die ganze Stadt Phylake herrscht?«

»Phylake, mein schönes Kind, ist keine Stadt, sondern ein kleines Nest mit nur wenigen Bewohnern«, stellte Akastos klar, »und unmöglich mit unserem mächtigen Iolkos zu vergleichen. Und außerdem fehlt Phylake ein Zugang zum Meer, und damit ist es auch strategisch vollkommen bedeutungslos. Zudem ist Iphiklos noch ziemlich jung, und sein Sohn Protesilaos wird ihm vielleicht erst in zwanzig Jahren auf den Thron folgen können.«

Laodameia war nach diesem Gespräch furchtbar niedergeschlagen und dachte schon daran, nach Phylake zu ihrem Protesilaos zu fliehen, als plötzlich der trojanische Krieg ausbrach.

Nun muß man wissen, daß Akastos einmal geschworen hatte, zusammen mit den anderen griechischen Fürsten Helenas Ehre zu verteidigen. Die Tatsache, daß der Trojaner Paris die Schöne geraubt hatte, zwang ihn nun dazu, sofort in den Krieg zu ziehen, wozu er, verständlicherweise, überhaupt keine Lust hatte.

»Ist mir doch vollkommen gleich«, sagte er, »daß sie dem Menelaos Hörner aufgesetzt haben. Nach Troja ziehe ich deswegen jedenfalls nicht!«

»Aber das kannst du doch nicht machen«, wandten seine Ratgeber ein. »Du hast einen Schwur abgelegt. Du hast versprochen, vierzig schwarze Schiffe unter dem Kommando eines Kriegers von königlichem Blut nach Troja zu entsenden! Nun hast du aber keine Söhne, nur eine Tochter, und die ist noch ledig. Wer könnte also außer dir die vierzig Schiffe befehligen?«

Bei diesen Worten hellte sich Akastos' Miene auf: »Wartet mal«, rief er, »mir fällt da etwas ein!« Und er ließ Protesilaos rufen.

Der junge Mann kam eilig herbeigelaufen, und Akastos fragte ihn: »Protesilaos, liebst du meine Tochter Laodameia?«

»Natürlich liebe ich sie«, antwortete der Jüngling, während sein Herz heftig pochte, zu einem wegen der heiklen Frage, zum andern, weil er so schnell gelaufen war.

»Ich gebe sie dir zur Frau«, erklärte Akastos, indem er ihm auf die Schultern schlug, »jedoch unter der Bedingung, daß du sie noch heute abend heiratest.«

»Heute abend noch?«

»Ja, o Protesilaos, uns verbleibt nur wenig Zeit, sowohl für die Hochzeit als auch für die Hochzeitsnacht. Morgen, zu früher Stunde, mußt du nämlich vierzig Kriegsschiffe für mich nach Troja führen!«

»Aber Schwiegerpapa«, protestierte der junge Bräutigam, »mein Haus ist doch noch gar nicht fertig und...«

»Unsinn«, schnitt Akastos ihm das Wort ab, »entweder heiratest du sie heute oder überhaupt nicht. Bereite jetzt alles vor, wir dürfen keine Zeit verlieren.«

Bald war alles nach dem Willen des Königs arrangiert. Gleich nach dem Festmahl zogen sich die Brautleute ins Schlafgemach zurück, und als der Morgen graute, hörte Protesilaos, wie ein Herold ihn rief.

»O Protesilaos, du königlicher Fürst und des Akastos' Tochter Gatte, deine Flotte erwartet dich!«

Und so stach der Jüngling in See.

Natürlich vergoß Laodameia viele Tränen, so wie es jede andere frisch Vermählte an ihrer Stelle auch getan hätte. Zwei Monate nach seiner Abreise waren dies ihre Gedanken:

Weilen sollst du, vom Wind zurückgehalten, in Aulis;
Ach! Wo war der Wind, als du entflohen von mir?
Damals mußte das Meer vor euren Rudern sich
*   sträuben.*
Das war passende Zeit für das Ergrimmen der See.
Mehr noch hätte den Mann ich geküßt und mehr ihn
*   ermahnt auch,*
Und gar vieles noch ist's, was ich dir sagen gewollt.
Schnell warst mir du entführt, und der Wind, der dein
*   Segel davonrief,*
Den sich die Schiffer, nicht ich, wünschten, er wehte
*   gerad'.*
Günstig war für die Schiffer der Wind, für die Liebende
*   widrig;*
Deinen Armen entreißt, Protesilaos, er mich,
Und der Ermahnenden Mund ließ unvollendet die
*   Worte;*
Kaum noch das Lebewohl war mir, das herbe, vergönnt.
Mächtig wehte der Nord und blies in die fliehenden
*   Segel;*
Und auf einmal war weit Protesilaos entfernt.
Nachschaun wollt' ich dem Mann, solange ich schauen
*   ihn konnte;*

Mit den Augen bin ich immer den deinen gefolgt.
Als ich dich selbst nicht mehr sah, konnt' ich dein Segel
*   noch sehen,*
Und von den Segeln ward lange gefesselt mein Blick.
Aber als weder ich dich noch die flüchtigen Segel
*   erblickte*
Und, was ich schaute, nichts war als das Wogen der
*   See,*
Schwand mir mit dir auch das Licht, und finster ward's
*   mir vor Augen,*
Und bleich sank ich dahin, sagt man, mit
*   schwankenden Knien.*
Kaum hat dein Vater mich, kaum meiner, der greise
*   Acastus,*
Kaum mich mit eisigem Naß wieder die Mutter belebt.
Liebreich war, doch nicht willkommen mir ihre
*   Bemühung.*
Ich beklagte, daß nicht sterben ich Arme gedurft.
Mit der Besinnung war auch mein Kummer
*   wiedergekommen,*
An der getreuen Brust nagte die Liebe zum Mann.
Nicht mehr denk' ich daran, mein Haar mir schmücken
*   zu lassen,*
Nicht mehr mag ich den Leib hüllen in goldnes
*   Gewand.*
Wie die, welche der Rebenspeer des Bacchus berührt hat,
Stürz' ich, wohin mich die Angst jagte, daher und dahin.
[...]
Unglücks-Paris, der schön du bist zum Schaden der
*   Deinen,*
Sei ein so schwacher Feind, wie ein gefährlicher Gast!
Hätte mißfallen dir doch das Gesicht des Weibes aus
*   Sparta!*
Hätte gefallen doch nicht, wünscht' ich, das deinige ihr!
Und, Menelaus, der du dich zu sehr mühst um die
*   Entführte,*

Weh mir, wie vielen wird Tränen erpressen dein Zorn!
Götter, entfernt von mir unglückliche Zeichen, und
  weihe
Jupiter, daß er ihn heimführe, die Waffen mein Mann!
[...]
Irgendein Hektor flößt mir Furcht ein; grimmige Kriege,
Sagte uns Paris, führt Hektor mit blutiger Hand.
Hüte dich, wer er auch ist, vor dem Hektor, wenn ich
  dir lieb bin;
Tief in gedenkende Brust zeichne den Namen dir ein!
Wenn du vermieden ihn, sorg auch, zu vermeiden die
  andern,
Und nimm an, daß dort viele Hektore es gibt;
Sage zu dir, so oft in den Kampf zu gehen du vorhast:
»Laodamia hieß meiner mich schonen für sie.«
Ist es Troja bestimmt, von griechischen Kriegern zu
  fallen,
Fall' es, auch ohne daß du werdest von Wunden verletzt.
Kämpfe und strenge sich an Menelaus gegen die Feinde,
[Daß er, die ihm entriß Paris, ihm wieder entreißt,
Kämpfe er; den er im Recht übertrifft, übertreff' er im
  Kampf auch,]
Mitten heraus aus dem Feind hole die Gattin der Mann!
Anders steht es mit dir; du mußt für dein Leben nur
  kämpfen,
Und daß zurück in der Frau liebende Arme du kehrst.
Bitte, ihr Troer, verschont von so vielen Feinden den
  einen,
Daß nicht aus seinem Leib fließe mein eigenes Blut.
Er ist keiner, dem's ziemt, auf entblößte Schwerter zu
  treffen
Und mit grimmiger Brust gegen die Feinde zu gehn.
Wieviel herrlicher doch, als er kämpft, vermag er zu
  lieben.
Anderen lasse den Krieg: Liebe, Protesilaos, du!
(Ovid: *Heroides*. Briefe der Sagenfrauen, XIII)

Auf dem Flaggschiff reiste neben Protesilaos noch eine weitere ruhmreiche Persönlichkeit: Achilles, der schnellste und stärkste aller achäischen Krieger.

Bei seiner Ankunft wurde das Schiff von den Trojanern, die sich zu Tausenden am Strand formiert hatten, mit dem gewaltigsten Bombardement der Kriegsgeschichte in Empfang genommen: es hagelte Steine und Pfeile, Flüche und Verwünschungen. Der erste, der sich zutiefst beleidigt fühlte, war natürlich Achilles: »Verfluchte Söhne Ilions« brüllend, wollte der Held gerade von Bord springen, als Thetis, seine Mutter, ihn zurückhielt. Und an dieser Stelle müssen wir einen kleinen Einschub machen, um zu erklären, was eine Mutter auf einem griechischen Kriegsschiff zu suchen hatte.

Da die unsichtbare Göttin von Apollon erfahren hatte, daß der erste, der vor Troja an Land ging, auch als erster sterben würde, hatte sie sich direkt hinter ihrem Sohn aufgebaut, um bei der kleinsten Gefahr sofort eingreifen zu können. Und als sie nun gewahr wurde, daß der Held springen wollte, hielt sie ihn mit einer Hand am Gürtel fest und versetzte mit der anderen Protesilaos einen Stoß. Das Resultat: Der arme Gatte Laodameias sprang direkt in Hektors Schwert, und seine Seele fuhr zu den Göttern, sozusagen noch bevor sie trojanischen Boden berührt hatte. Und so beschreibt Homer Protesilaos' Sprung:

. . . ihn erlegt ein dardanischer Krieger, als er dem Schiff entsprang, zuerst von allen Achäern.*
(Homer: *Ilias*. Zweiter Gesang, Verse 701–702)

Von wegen, »entsprungen«! Wenn Thetis ihm nicht diesen Schubs gegeben hätte, wäre er schön brav bei den anderen auf dem Schiff geblieben. Und im fernen Phylake saß die junge Braut, der vor Schmerz das Herz blutete.

Einsam in Phylake blieb mit zerrissenen Wangen die Gattin und sein verödetes Haus . . .
(ebda., II, 700–701)

War Laodameia verzweifelt, so steigerte sich Protesilaos, obwohl er tot war, in eine furchtbare Wut auf die grausamen Götter. Und wer würde das nicht verstehen? Da hat er sich jahrelang vergeblich nach einer Frau verzehrt, und dann geschieht doch noch das Wunder, und der Vater der Geliebten erklärt sich – er weiß selbst nicht so genau, wieso – mit der Verbindung einverstanden. Und nachdem er nur eine einzige Nacht mit seiner Braut verbracht hat, was geschieht dann? Er muß in den Krieg und wird auch noch als erster getötet, ohne überhaupt feindlichen Boden berührt zu haben. O nein, was zuviel ist, ist zuviel. Dabei hatte ihn seine Frau noch wenige Stunden vor der Abreise davor gewarnt, als erster an Land zu gehen: *Sors quoque nescioquem fato designat iniquo, qui primus Danaum Troada tangat humum.* Das heißt:

> *Einem bestimmte der Spruch des Orakels übeles
>   Schicksal,*
> *Der von den Griechen zuerst troischen Boden betritt.*
> *Arm das Weib, das als erste beklagt den gefallenen
>   Gatten:*
> *Geben die Götter, daß du nicht der Verwegene bist!*
> *Sei das tausendste Schiff von den tausend Schiffen
>   das deine,*
> *Und es bewege die schon müden Gewässer zuletzt.*
> *Das auch rat' ich vorher: Du steig aus dem Schiff als
>   der letzte!*
> *Nicht dein väterlich Land ist es, zu welchem du eilst.*
> (Ovid: *Heroides*, Briefe der Sagenfrauen, XIII)

Eindeutiger geht's nicht! Und trotzdem hatte es Protesilaos erwischt: Doch wem sollte er die Schuld daran geben? Helena, die den Krieg entfesselt, oder Paris, der sie geraubt hatte? Menelaos, der sich unbedingt rächen wollte, oder Ananke, der Schicksalsgöttin, die alle Handlungen der Sterblichen bestimmt? Lukian von Samosata versucht in seinen

Totengesprächen eine Antwort und stellt sich vor, wie Protesilaos, außer sich vor Wut, jeden Winkel der Unterwelt durchstöbert, um mit Helena abzurechnen:

»*O Protesilaos, warte einen Moment*«, sprach ihn Aiakos an, »*ich habe gehört, daß du Helena erwürgen willst. Warum haßt du die schöne Tochter des Tyndareos eigentlich so?*«

»*Weil sie schuld daran ist, daß ich jetzt hier in dieser tristen Welt der Toten bin*«, antwortete der Held. »*Um Helenas Ehre zu verteidigen, zogen wir nach Troja, und ich ließ ein unvollendetes Haus zurück und eine junge, feurige Braut, die nun Witwe ist.*«

»*Dann sollte deine Wut sich eher gegen Menelaos richten*«, wandte Aiakos ein. »*Schließlich war er es, der die Griechen, nur um sich eine Frau zurückzuholen, eine einzige Frau nur wohlgemerkt, zum Krieg gegen Troja zwang.*«

»*Da hast du recht, o Aiakos*«, rief Protesilaos aus, nachdem er einen Moment nachgedacht hatte, »*er ist der wahre Schuldige!*«

»*Ich, der Schuldige?*« entrüstete sich Menelaos da. »*Ganz sicher nicht! Lenke deinen Zorn lieber auf Paris, denn er war es, der gegen jedes moralische Gesetz verstieß, meine Gastfreundschaft verletzte und mein Ehelager schändete. Ihn, und nicht Helena, solltest du erwürgen, und nicht nur du, o Protesilaos, sondern alle Griechen und Barbaren, die wegen ihm ihr Leben ließen!*«

»*Damit könntest du recht haben!*« gab Protesilaos zu und wandte sich sogleich an Paris: »*Und nun zu uns beiden, du Schänder fremder Ehelager. Jetzt wird abgerechnet!*«

»*Du bist ungerecht, o Protesilaos, auch ich bin schuldlos*«, antwortete Paris ganz gelassen. »*Und wenn ich es mir recht überlege, sind wir beide in einer ähnlichen Lage. Sind wir nicht beide Opfer der Liebe? Mein Vergehen war es, mich heftig in eine Frau zu verlieben, genau wie du dich einst in Laodameia verliebt hast. Daher liegt, genauer betrachtet, die Schuld nicht bei mir, sondern bei der Liebe, die, wie du weißt, ein unwillkürliches Gefühl ist, das ein Gott hervorruft, der uns nach seinem Willen handeln läßt!«*

»Ah, wenn ich diesen Amor nur in die Finger bekäme, der könnte was erleben!« schrie Protesilaos aufgebracht.

»Du würdest ihn schön in Ruhe lassen«, entgegnete Aiakos da, »und ich erkläre dir auch, wieso. Der Gott würde nämlich ohne weiteres zugeben, daß er deine Verliebtheit bewirkt hat, aber entrüstet zurückweisen, damit auch an deinem Tode schuld zu sein. Hast du vergessen, o Protesilaos, daß es deine Entscheidung war, dich wie ein Wahnsinniger als erster auf das feindliche Heer zu stürzen? Dabei wußtest du, daß in der Heimat deine junge Frau auf dich wartet. Aber das war dir egal, denn in jenem Moment bedeutete der Ruhm dir mehr als die Gattin in der Ferne.«

»Das soll meine Entscheidung gewesen sein? Niemals!« protestierte Protesilaos. »Es war durch das Schicksal bestimmt, daß ich als erster Ilions Boden berühren sollte. Ich konnte gar nicht anders, als mich dem Schicksal zu beugen.«

»Und warum richtest du dann deine Wut gegen diese Unschuldigen hier? Suche das Schicksal und erwürge es.«
(vgl. Lukian: *Totengespräche*, 19)

Sowohl Protesilaos als auch Laodameia beschwerten sich bei den Göttern über das ungerechte Schicksal. Sie warf sich vor einer Statue der Göttin Persephone nieder und sprach:

»O Göttin des letzten Hauses, du weißt doch selbst sehr gut, wie sehr die Trennung von einer geliebten Person schmerzt, da du mal bei deinem liebevollen Gatten, mal bei deiner weinenden Mutter Demeter weilst. Ich bitte dich: Laß mich nur einmal noch meinen geliebten Mann wiedersehen. Denn nur eine einzige Nacht konnte ich mich ihm hingeben, und nur um eine einzige weitere bitte ich dich heute.«

Protesilaos, der sich schon in der Unterwelt befand, nutzte die Gelegenheit, um bei den Göttern persönlich vorzusprechen. Lukian von Samosata gibt das Gespräch wieder:

»O König, du Zeus der Unterwelt, und du, Tochter der Demeter«, begann Protesilaos, »ich flehe euch an, weist die Bitte eines Liebenden nicht zurück.«

»Was willst du von uns«, fragte Hades, »und wer bist du überhaupt?«

»Ich bin Protesilaos, Sohn des phylakischen Iphiklos, der griechische Krieger, der als erster vor Trojas Toren starb. Ich bitte euch, gewährt mir, für kurze Zeit ins Leben zurückzukehren.«

»Diesen Wunsch äußern alle, die zu uns kommen, o Protesilaos, aber niemandem wird dieser Wunsch erfüllt.«

»Ich bitte ja nicht darum, noch einmal leben zu dürfen, o Herrscher der Unterwelt, sondern darum, meine junge Braut noch ein einziges Mal sehen zu dürfen. Ich ließ sie im fast unberührten Ehelager zurück, um nach Troja aufzubrechen. Kaum dort eingetroffen, erschlug mich Hektor, der Sohn des Priamos. Oh, ich Unglücklicher. Noch heute verzehre ich mich in Liebe nach ihr. Ich will sie wiedersehen, und sei es auch nur für einen kurzen Moment, um danach wieder hierher zurückzukehren.«

»Wieso erinnerst du dich an sie?« fragte Hades verwundert. »Hast du nicht vom Fluß des Vergessens getrunken?«

»Doch, doch, und nicht zu knapp, doch meine Leidenschaft war stärker.«

»Bleib einfach hier bei uns, o Protesilaos. Früher oder später wird auch deine schöne Braut in diesen Gefilden eintreffen, und dann kannst du sie wiedersehen.«

»Das lange Warten, o Hades, wäre mir unerträglich. Wenn du auch nur ein einziges Mal verliebt warst, wirst du wissen, was Lieben heißt.«

»Aber welchen Nutzen zögest du daraus, noch einmal einen einzigen Tag mit ihr zu leben, um dann, mit noch frischerem Schmerz, zu uns zurückzukehren?« wandte Hades ein.

»Ich würde sie dazu bewegen, mich zu begleiten, und davon würdest du auch profitieren: Dann hättest du nicht nur einen, sondern zwei Tote.«

»Das ist gegen die Regeln«, antwortete Hades, »so etwas hat es bei uns noch nie gegeben.«

»Das stimmt nicht, das stimmt nicht«, warf Protesilaos ein. »Aus dem gleichen Grund erlaubtest du Orpheus, Eurydike mit sich zu nehmen, und dem Herakles, die Frau des Admetos, Alkestis, dem Tode zu entreißen.«

»Willst du vielleicht so vor deine Frau treten, häßlich und von den Qualen der Unterwelt gezeichnet? Sie würde dich gar nicht wiedererkennen, sondern einen Riesenschreck bekommen und vor dir flüchten. Und du hättest den ganzen Weg umsonst gemacht.«

»Wenn es nur das ist, mein lieber Mann«, unterbrach ihn Persephone, »wüßte ich eine Lösung. Laß Hermes ihn, wenn er ans Tageslicht kommt, mit seinem Stab berühren, und er wird wieder so jung und schön sein wie in der Hochzeitsnacht.«

»Na gut, wenn auch Persephone einverstanden ist, so soll er sich auf den Weg machen. Doch denke daran, o Protesilaos, daß dir nur ein Tag zugestanden wird.«

(vgl. ebda., 23)

Manche sprechen gar nur von drei Stunden. So geschah es jedenfalls, daß der schönen Laodameia eines Nachts, als sie sich schlaflos im Bett wälzte und sich den Erinnerungen an den verlorenen Gatten hingab, Protesilaos erschien.

Der Held trug noch die Waffen, mit denen er gestorben war, und Blut rann aus seinem Mund.

»Du hier, mein Bräutigam!« rief Laodameia aus.

»Ja, o Laodameia, und ich brenne darauf, dich endlich wieder in meine dürstenden Arme zu nehmen. Doch höre die Bedingungen: Nur drei Stunden gaben uns die Götter, und daher möchte ich nicht, daß wir durch deine Liebesworte, und seien sie noch so willkommen, von jener Zeit verlieren, die uns für kühnere Zärtlichkeiten bleibt.«

Kurzum, Protesilaos hatte es eilig. Er merkte, daß die Zeit wie im Fluge verging, und hätte gerne die vollen drei Stunden, die man ihnen zugestanden hatte, für ein feuriges Liebesspiel genutzt. Doch völlig unerwartet wies ihn Laodameia zurück. Drei Stunden schienen ihr, gemessen am Ausmaß ihres Verlangens, viel zu wenig. Und darum bat sie ihren Bräutigam, sich in der Pose eines Mannes, der eine Frau umarmt, vor sie hinzustellen, damit sie eine Wachsstatue von ihm anfertigen könne. »Glaub mir«, sagte sie, »so wird unsere Zeit besser genutzt sein, denn dem Bildnis...«

> *Zärtliches sage ich ihm und Worte, wie dir sie gebühren,*
> *Küsse empfängt es, empfängt meiner Umarmungen Glut.*
> *Glaub es, viel mehr ist mir, als was es scheint,*
>   *dieses Bildnis,*
> *Gib ihm noch Sprache, so wird Protesilaos es sein.*
> *Dieses betracht' ich und halt's an der Brust anstatt*
>   *des Gemahles,*
> *Klage mein Leid ihm, als könnt's etwas erwidern darauf.*
> (Ovid: *Heroides*, Briefe der Sagenfrauen, XIII)

Und von nun an lebte Laodameia mit dieser Statue: Sie legte sich in ihre Arme und bedeckte sie mit Küssen. Ihr Vater jedoch wunderte sich, daß sie sich gar nicht mehr im Haus blicken ließ, und beauftragte einen Diener, sie zu bespitzeln. Und als dieser ihm berichtete: »O Herr, deine Tochter liegt Tag und Nacht in den Armen eines fremden Mannes«, ließ er die Tür zu Laodameias Gemach aufbrechen und sich den geheimnisvollen Liebhaber, an Händen und Füßen gefesselt, vorführen.

Als er bemerkte, daß es sich um eine Statue handelte, glaubte er, seine Tochter habe den Verstand verloren. So gab er den Befehl, den wächsernen Protesilaos in siedendes Öl zu werfen. Laodameia mußte nun mitansehen, wie sich das Gesicht des geliebten Mannes vor ihr auflöste, und aus Schmerz stürzte sie sich selbst in den Kessel.

Plinius der Ältere erzählt in seiner *Naturgeschichte*, daß

Protesilaos in Thrakien beerdigt wurde und rings um sein Grab mächtige Ulmen wuchsen, deren Zweige das ganze Jahr über, auch im Winter, blühten. Bis auf die allerhöchsten, die nach Troja blicken konnten und nie Blüten ansetzten.

VI

Der goldene Esel

Das Märchen von Amor und Psyche erzählt uns Apuleius, ein afrikanischer Dichter, Gelehrter und Zauberer aus dem zweiten Jahrhundert nach Christus, in seinem Meisterwerk *Metamorphosen* (besser bekannt als *Der goldene Esel*), einem Abenteuerroman, den ich allen Liebhabern des Genres »Fantasy« nur wärmstens ans Herz legen kann.

Der Protagonist des Romans ist Lucius, ein junger Mann aus gutem Hause, der auszieht, um Abenteuer zu erleben. Er hofft, sie in Thessalien zu finden, einer Gegend, in der es von Hexen und Zauberern nur so wimmeln soll. So gelangt er nach Ipatha, der Hauptstadt des Landes. Hier seine ersten Eindrücke:

»Wirklich gab es nichts in der Stadt, dessen Anblick hätte glauben machen, es wäre das, was es war. Einfach alles schien mir durch Zauberei in eine andere Form verwandelt: die Kiesel, an die ich stieß, seien versteinerte Menschen, und die Vögel, die ich hörte, gefederte. Die Bäume, die den Anger umzogen, Menschen mit Blättern, und das Brunnenwasser aus Menschenleibern, die ins Fließen gekommen. Ich schaute mich verwundert um und erwartete gar, daß Statuen und Bilder zu gehen anfangen, Wände zu sprechen und Rinder und anderes Vieh die Zukunft zu weissagen.«
(vgl. Apuleius: *Der goldene Esel. Metamorphosen*, II)

Lucius wird von einem gewissen Milon beherbergt, einem alten Wucherer, der mit seiner Frau in kinderloser Ehe lebt. Der einzige fröhliche Mensch im Haus ist die verführerische Magd Photis. Der Jüngling erfährt nun von Nachbarn, daß die Frau des Wucherers, die mysteriöse Pamphile, eine Hexe sei:

>Sie spricht mit den Toten, läßt Gestirne entgleisen und macht sich Götter und Naturelemente gefügig. Einmal hörten wir, wie sie der Sonne mit ewiger Finsternis drohte, weil sie nicht schnell genug vom Himmel verschwand und der Nacht nicht eher wich, damit sie ihren Lockzauber in Gang setzen könnte.<
(vgl. ebda., III)

Lucius nimmt sich vor, sich von der Hausherrin fernzuhalten und sich mehr mit der hübschen Magd, einem sehr offenherzigen Mädchen, zu beschäftigen. Und eines Tages, als niemand im Haus ist, steht sie am Küchenherd, noch verführerischer und schöner als sonst.

>Sie selbst, adrett in ein Leinenkleid gehüllt und mit rotglänzendem Bändlein reizend knapp direkt unter der Büste gegürtet, schwang die Kasserolle und schüttelte sie fleißig im Kreis, daß ihre leise wiegenden Hüften und der behende Rücken in gefälligen Wellen im Takte mitschwangen. Der Anblick machte mich benommen, und ich blieb wie angewurzelt voll Entzücken stehen – es standen auch Glieder, die vorher lagen.
>Nimm dich in acht, mein Junge<, sprach sie, >und halte dich von meinem Herdlein fern. Denn wenn dich mein Feuer nur ein bißchen anzüngelt, brennst du lichterloh, und niemand kann deine Glut löschen außer mir, die mit süßem Geschick Topf und Bett köstlich zu schaukeln versteht!<
Doch nicht lange konnte ich ihren neckischen Lockungen widerstehen. Ich küßte und umarmte sie mit der Glut meiner jungen Jahre, und sie gab sich mir mit dem gleichen Feuer hin.

Sie legte all ihre Kleider ab und löste die Haare zu munterem
Spiel. ›In der heutigen Schlacht wird kein Pardon gegeben‹,
sagte sie, und mit diesen Worten bestieg sie gleich meine Prit-
sche, ließ sich gemach auf mir nieder, hüpfte auf und ab und
rüttelte und schüttelte den Rücken in flüssiger Bewegung, um
mich so mit dem Genuß der Schwebenden Venus zu befriedi-
gen, bis wir mit entspannten Sinnen und erschlafften Gliedern
beide zugleich todmatt hinsanken.‹
(vgl. ebda., II)

Nach dem Liebesspiel beginnt Lucius, neugierig wie er nun
einmal ist, Photis Fragen über ihre Herrin zu stellen: »Ist sie
denn tatsächlich eine Hexe? Und was zaubert sie denn so, und
zu welcher Stunde?«

»Und so führte Photis mich eines Nachts auf lautlosen Zehen-
spitzen zu jenem Obergemach und hieß mich durch einen Tür-
spalt folgenden Vorgang beobachten: Erst einmal entledigte
sich Pamphile aller Gewänder, dann schloß sie ein Kästchen
auf und entnahm ihm mehrere Büchsen. Sie hob den Deckel
von einer, holte eine Salbe hervor, rieb sie lange zwischen ih-
ren Händen und bestrich sich damit ganz und gar vom Kopf
bis zur Zehe. Dann rüttelte und schüttelte sie ihre Glieder
hin und her. Wie sie gelinde gewogen, schimmerte weicher
Flaum hervor, schon wuchsen starke Federn, steifte und bog
sich die Nase, zogen sich krumme Krallen zusammen. Zum
Uhu ward Pamphile. Nun stieß sie einen kreischenden Kla-
gelaut aus, hüpfte jetzt versuchshalber ein wenig vom Boden
auf, erhob sich dann in die Höhe und flog mit ausgebreiteten
Flügeln ins Freie hinaus.
(vgl. ebda., III)

Lucius reibt sich verwundert die Augen. Und kurz darauf beginnt er schon, Photis mit der Bitte zu bedrängen, ihm diese
magische Salbe zu besorgen. Er will auch ein Vogel werden.
Ach, wie herrlich wäre das, fliegen zu können, über die Stadt

zu schweben, sich alles genau anzuschauen und dann zurückzukehren und wieder normale Gestalt anzunehmen. Schließlich ist Photis einverstanden. Dummerweise erwischt sie jedoch in der Eile die falsche Salbe.

Ich schloß die Büchse in die Hände, küßte sie und warf dann
schnell alle Kleider von mir. Dann faßte ich gierig hinein,
nahm eine tüchtige Portion Salbe und rieb mich damit ein.
Und jetzt balancierte ich meine Arme auf und ab, wie es die
Vögel tun. Doch nichts geschah: Kein bißchen Flaum zeigte
sich, keine einzige Feder. Aber deutlich wuchsen meine Haare
zu dicken Borsten, und die feine Haut wurde eine Schwarte.
Finger und Zehen zogen sich zu Hufen zusammen, und an
meinem Rückgrat trat ein mächtiger Schwanz hervor. Mein
Gesicht wurde riesenhaft, der Mund ein Scheunentor, die Na-
senlöcher sperrangelweit und die Lippen ein Wulst. Und kein
bißchen Ermunterndes konnte ich bei der kläglichen Ver-
wandlung bemerken als daß, während ich Photis nicht mehr
zu halten vermochte, mein Gemächt ins Wachsen kam.
(vgl. ebda., III)

Als Lucius klar wird, daß er sich in einen Esel verwandelt
hat, beginnt er zu weinen, oder besser, zu iahen. Doch Photis
tröstet ihn:
»Keine Sorge, Liebster«, sagt sie, »morgen früh gebe ich
dir eine Rose zu essen, und du wirst sehen, wie schnell du
wieder der alte Lucius bist. Meine Herrin verspeist nämlich
auch Rosen, wenn sie von ihren Ausflügen heimkehrt, und
verwandelt sich dann immer in eine Frau zurück. Heute nacht
jedoch bringe ich dich im Stall unter, bei deinem Pferd und
den anderen Tieren.«
Doch in der Nacht brechen Banditen ins Haus ein, öffnen mit einer Axt die Kammer, wo Milon seine Reichtümer
versteckt hat, und können innerhalb weniger Minuten einige Säcke mit Gold und Silber füllen. Doch die Beute ist so
schwer, daß sich die Diebe gezwungen sehen, auch das Pferd

und die beiden Esel (Lucius eingeschlossen) aus dem Stall zu stehlen.

Auf dem Weg von Milons Haus zum Lager der Banditen handelt sich der arme Lucius so viele Stockschläge ein, daß er schließlich seinen Tod herbeisehnt. Doch er überlebt und wird fortan von den Banditen als Lasttier gehalten. In ihrem Versteck wohnt er den verschiedenen Versammlungen bei, erlebt ihre gewalttätigen Auseinandersetzungen um die Aufteilung der Beute mit und lernt schließlich ein wunderschönes Mädchen kennen, das die Banditen entführt haben. Während es darauf wartet, daß seine Eltern das Lösegeld zahlen, weint und jammert es so verzweifelt, daß der Räuberhauptmann sich bald keinen Rat mehr weiß. Schließlich vertraut er es einer alten Frau an, die von den Banditen als Dienerin gehalten wird.

Diese durch Alter und Prügel krumm gewordene Frau umfaßt die Hand des Mädchens mit ihren gelben, knöchernen Fingern und sagt: »Wenn du zu weinen aufhörst, mein Kind, erzähle ich dir eine schöne Geschichte...«

Das Märchen von Amor und Psyche

In einem gewissen Lande lebten einst ein König und eine Königin, welche drei Töchter hatten. Reiz und Anmut schmückten die beiden Ältesten in sehr hohem Grade. Doch verschwanden beide wie im Schatten neben dem strahlenden Glanze ihrer jüngeren Schwester.

Die Natur schien an dieser all ihren Reichtum erschöpft zu haben, ihre Schönheit war weit über das Menschliche, kein Lob konnte sie erreichen; ja, jede Sprache war zu arm, sie nur zu beschreiben.

Auch zogen Eingeborene sowohl als auch Fremdlinge, durch den Ruf von dieser Wunderschönheit neugierig gemacht, in Menge dahin. Alle wurden so vor Bewunderung darüber außer sich, daß sie die Prinzessin, nicht anders als ob

sie die Göttin Venus selbst wäre, in aller Förmlichkeit anbeteten.
(ebda., IV)

Dieses ganze Getue um die Schönheit des Mädchens weckte verständlicherweise Venus' Unmut. Bis zum Beweis des Gegenteils war immer noch sie die Göttin der Schönheit, und daher mußte jede andere Titelanwärterin, besonders eine Sterbliche, schnellstens ausgeschaltet werden. Sie sprach zu sich:

»Wie, ich, der Natur erste Mutter, der Elemente Urheberin, des ganzen Alls ewige Erhalterin, ich soll mit einer Sterblichen die Ehre der Anbetung teilen? Mein himmlisch reiner Name soll an irdischer Niedrigkeit entweiht werden? Wie? Ein Kind des Todes soll gemeinschaftliche Opfer mit mir haben? Soll mich der Ungewißheit fernerer Verehrung bloßstellen? Soll mein Bild auf Erden sein? Mein Bild? So hätte ja Paris, dessen Treue und Gerechtigkeitsliebe der große Jupiter selbst billigte, mir vergebens den Preis der Schönheit vor so großen Göttinnen zuerkannt? Nein! Wer sie auch sei, sie soll sich wahrlich lange der angemaßten Ehre nicht freuen! Soll nur zu bald selbst diese ihre freventliche Schönheit verfluchen!«
(ebda., IV)

Gesagt, getan: Eines schönen Tages bestellte Venus ihren Sohn Amor zu sich und sagte zu ihm: »Hör mal, mein Junge, es soll da eine dumme Gans geben, die durch die Gegend läuft und behauptet, schöner als deine Mutter zu sein. Sie heißt Psyche. Du bist doch ein braver Sohn, und deshalb wirst du jetzt einen deiner Pfeile auf sie abschießen, damit sie sich in ein Ungeheuer verliebt. Das nächste Mal wird sie es sich dann genauer überlegen, bevor sie mich herausfordert.«

Nun verhielt es sich so, daß für die arme Psyche, obwohl sie so wunderschön war, weit und breit kein Ehemann in Sicht war. Ihre beiden Schwestern waren schon vorteilhaft mit Königen fremder Reiche verheiratet worden (die vielleicht etwas

118

alt, aber dafür um so reicher waren), aber bei ihr – Fehlanzeige. Auch ihre Eltern machten sich allmählich so ihre Gedanken.

»Ihre ganze Schönheit bringt überhaupt nichts«, sagten sie. »Im Gegenteil. Sie ist zu schön, und das schreckt die Freier nur ab.«

Daher befragt der arme Vater der unglücklichen Tochter das uralte Orakel des milesischen Gottes. Er denkt vielleicht, durch Flehen und Opfer von dieser mächtigen Gottheit für seine verschmähte Tochter einen Gemahl zu erhalten. Allein Apollo antwortet ihm:

> *»Stell die Tochter, zur Hochzeit wie zur Leiche geschmückt,*
> *Auf des erhabensten Berges felsigen Gipfel dahin.*
> *Ihr ist vom sterblichen Stamm kein Ehegenosse bestimmet,*
> *sondern ein Ungeheuer, falsch, grausam wie Otterngezücht.«*
> (ebda., IV)

Ein Ungeheuer in der Gestalt eines Drachen? Warum das bloß? Wir können uns Psyches Reaktion nur allzu gut ausmalen.

»Ich Ärmste«, schrie sie Tränen vergießend, »viel lieber wäre ich häßlich und entstellt geboren, als diesem grausigen Schicksal entgegenzusehen!«

Doch der Wille der Götter mußte respektiert werden, und so wurde Psyche, ob sie wollte oder nicht, von einer Gruppe von Freunden und Verwandten in Trauergewändern zu der Felsenspitze geleitet und dort alleine zurückgelassen, um auf das Ungeheuer zu warten.

Sie zittert, sie bebt und weint bitterlich; auf einmal aber fühlte sie sich sanft überm Boden schweben.

Ein Zephyr hob unvermerkt sie empor; er schwellte mit lin-
dem Hauche den Busen ihres Gewandes – rauschend flatterte
der Saum umher – und so trug er sie ruhig in den Abgrund des
darunterliegenden Tales und legte sie sanft in den blumigen
Schoß eines weichen Rasens nieder.
(ebda., IV)

Als Psyche wieder festen Boden unter den Füßen hatte,
schaute sie sich um und sah vor sich ein Schloß aus Gold
und Silber. Das können nur die Götter erbaut haben, dachte
sie, so schön waren die Mauern, so mächtig die Tore, so hoch
die Türme. Und auch das Innere des Palastes war eines Gottes würdig. Schon vom Eingang aus erblickte man unzählige
Säle, einer prachtvoller als der andere, mit Decken aus Elfen-
bein und Zedernholz, Fußböden aus Marmor und anderem
kostbaren Gestein, Wänden aus massivem Gold und dergleichen mehr. Kurzum, das Feinste vom Feinen, was man sich
in Sachen Innenarchitektur vorstellen kann!

Wie in Trance durchquerte Psyche die Säle. Einerseits war
sie eingeschüchtert, andererseits aber auch angezogen von all
der Pracht, die sie hier umgab. Während sie noch alles be-
staunte, hörte sie plötzlich Stimmen:

»Wie kannst du, o Gebieterin, so lange bewunderungsvoll
diese Kostbarkeiten anstarren? Sie sind doch alle dein. Gehe
lieber in das Schlafzimmer, um dich auszuruhen, und be-
gib dich, wenn es dir ansteht, in das Bad. Ich, deren Stimme
du vernimmst, und noch viele unsichtbare Mädchen mehr
sind deinem Dienste gewidmet. Unsere Emsigkeit wird es
dir an nichts fehlen lassen; jegliche Bequemlichkeit und die
köstlichste Tafel erwarten nur deinen Wunsch.«
(ebda., IV)

Nachdem Psyche die erste Beklommenheit überwunden hatte,
gewöhnte sie sich bald an ihr neues Zuhause. Es war alles so
traumhaft schön, luxuriös und wohlgeordnet. Wenn die neue

Schloßherrin irgend etwas wünschte, vielleicht ein Getränk oder eine Salbe, brauchte sie sich nur an die Stimmen zu wenden, und ihr Wunsch wurde augenblicklich erfüllt.

Nun, was war geschehen? Nichts anderes, als daß sich der Gott Amor, als er zu dem Pfeil gegriffen hatte, durch den Psyche sich in das Ungeheuer verlieben sollte, unabsichtlich daran verletzte und dadurch selbst in das schöne Mädchen verliebte. Um nun seine Leidenschaft in Ruhe ausleben zu können, hatte er ein verzaubertes Liebesnest erbaut, von dem niemand auf der Welt (vor allem seine Mutter nicht!) etwas erfahren durfte.

Währenddessen war Psyche erneut in Panik geraten: Im ganzen Haus hatte sie keine einzige Lampe oder Kerze gefunden, mit der sie in ihrem Schlafzimmer hätte Licht machen können. Und bei diesem Problem konnten ihr die Stimmen nicht weiterhelfen:

»Unser Herr«, antworteten sie auf ihre Bitten, »möchte unter keinen Umständen gesehen werden. Er wird nämlich zu nächtlicher Stunde, leicht wie eine Brise, in dein Gemach kommen. Bereite ihm ein Bett und erwartet ihn vertrauensvoll!«

»Er will bestimmt nicht gesehen werden, weil er ein Ungeheuer ist«, dachte Psyche und begann zu weinen.

Schon tief in der Nacht weckt sie ein leises Geräusch. Da schaudert es ihr durch alle Glieder. In der großen Einsamkeit ist ihr für ihre Unschuld bange. Zwar weiß sie nicht, was sie befürchtet, aber sie fürchtet es mehr als den Tod.

Siehe, es ist ihr unbekannter Gemahl. Er besteigt das Brautbett, macht Psyche zu seiner Gattin und eilt noch vor Anbruch des Tages von ihr.
(ebda., V)

Es klingt unglaublich, aber das Ungeheuer hatte absolut nichts von einem Ungeheuer. Ganz im Gegenteil schien es Psyche, obwohl sie es nicht sehen konnte, wunderschön zu sein. Seine Haut war samtweich wie ein Pfirsich, seine

Locken geschmeidig wie die eines Kindes und seine Lippen zart und feurig. Auf der Stelle verliebte sich Psyche unsterblich in dieses Wesen, und den ganzen Tag über wartete sie voller Ungeduld auf den Sonnenuntergang, um es erneut in ihre Arme schließen zu können. Ihr Glück wäre vollkommen gewesen, wenn sie nur ihre Familienangehörigen hätte beruhigen können, die sie mittlerweile schon für tot hielten.

»Ich flehe dich an, meine große Liebe«, sagte sie zu ihrem unsichtbaren Bräutigam, »wenn es dir möglich ist, so führe doch bitte meine Schwestern in diesen Palast, damit sie mit eigenen Augen sehen können, wie gut es mir geht. Erlaube mir, mein Glück mit ihnen zu teilen.«

Doch in diesem Punkt war Amor unerbittlich und warnte sie eindringlich:

»Vergiß niemals, Psyche, daß dein Glück unteilbar ist. Du kannst es nur erhalten, wenn niemals jemand davon erfährt!«

Doch Psyche drängte ihn weiter:

»Eher mag ich hundertmal sterben, als deinen geliebten Armen entrissen werden! Denn dich, wer du auch seiest, dich liebe ich mit ganzer Seele, wie mein Leben liebe ich dich, dich vertausche ich mit Amor selbst nicht! Doch dies Einzige gewähre meinen Bitten noch: Gebiete deinem Zephyr, auf eben die Art wie mich auch meine Schwestern hierherzubringen.«

Jetzt schlingt sie ihre lilienweißen Arme um seinen Hals und küßt und liebkost ihn so viel und überhäuft ihn mit so vielen zärtlichen Namen der Liebe: heißt ihn ihre Wonne, ihr Leben, ihre Seele, bis sie endlich obsiegt. Von der Gewalt der Liebe bezwungen, erlag ihr Gemahl wider Willen und Vorsatz und versprach ihr, daß alles geschehen solle, und verschwand, noch ehe es dämmerte, wieder aus ihren Armen.

(ebda., V)

Psyche war natürlich überglücklich, als ihre Schwestern bei ihr eintrafen. Wie versprochen, hatte Amor dem Wind Zephyrus aufgetragen, sie auf seine Schwingen zu nehmen und sanft im Tal vor dem Palast abzusetzen. Psyche führte sie nun durch ihr neues Heim, die vielen prachtvollen Flure und Säle, schenkte ihnen kostbare Armbänder und begann dann, ihnen begeistert von ihrem Gatten zu erzählen. Leider könne sie ihn im Moment nicht vorstellen, sagte sie, da er geschäftlich unterwegs sei. Er habe immer viel zu tun, stellte sie klar, verbringe aber jede Nacht mit ihr und sei der zärtlichste Liebhaber, den man sich vorstellen könne.

Waren die Schwestern anfangs noch gerührt, so gewann jetzt, als sie wieder zu Hause waren, allmählich der Neid die Oberhand, und sie begannen zu fluchen:

»O Glück«, ruft die eine aus, »wie blind, grausam und wie ungerecht bist du doch! Uns, die von ein und eben demselben Vater und Mutter abstammen, so himmelverschiedene Lose zuzuwerfen, und wir, noch dazu die Ältesten, wir, der Gewalt ausländischer Ehemänner nicht anders als Sklavinnen überliefert, fortgestoßen in die Fremde, fern vom väterlichen Hause, fern vom Orte unserer Geburt und getrennt, abgeschnitten von allen Verwandten, müssen unser Leben wie Verbannte hinkümmern! Und sie, von uns allen die Jüngste, die letzte Frucht einer erschöpften Natur, muß einen Gott zum Manne bekommen, um im unsäglichen Überflusse zu prassen, um sich ganz in Reichtum vergraben zu sehen, den sie doch sowenig zu schätzen als zu nutzen weiß!«
(ebda., V)

Mehr noch aber als Psyches Reichtum und Liebesglück beunruhigte die Schwestern die Vorstellung, daß die Glückliche vielleicht einen Gott zur Welt bringen und dadurch selbst eine Göttin werden könnte. Psyche hatte ihnen nämlich unvorsichtigerweise anvertraut, daß sie ein Kind erwarte und mit ihrem Nachwuchs große Pläne habe.

»Als eine Göttin sieht sie sich schon im Geiste. Wie sollte sie auch noch wissen, daß sie eine Sterbliche ist wie wir, da unsichtbare Zofen sie bedienen und die Winde selbst ihr gehorchen? Dafür muß mir armen Unglückseligen an einem Manne genügen, der Alters wegen weit eher mein Vater sein könnte, kahler ist als meine Hand, ohnmächtiger denn ein Kind und dabei so geizig, daß er das ganze Haus verschlossen und verriegelt hält.«

»Bin ich besser daran?« nimmt die andere das Wort. »Der Meinige ist gar ein Krüppel, ganz krumm zusammen von der Gicht gezogen und so an allen Gliedern gelähmt, daß mir leider wenig Freude bei ihm zuteil wird. Beständig muß ich seine versteinerten Finger reiben und die ekelhaftesten, scheußlichsten Umschläge machen und meine zarten Hände dabei gänzlich verwahrlosen; statt seiner geliebkosten Frau bin ich seine geplagte Krankenwärterin. Aber, Schwester, du magst nun dies alles so demütig (um dir's frei herauszusagen, wie ich's eigentlich meine), so sklavisch erdulden, wie es dir nur immer beliebt! Ich für mein Teil werde das nie. Ich kann gegen diese so schreiende Ungerechtigkeit, so übel angebrachte Gunst des Glückes nicht einen Augenblick gleichgültig bleiben. Erinnerst du dich, wie hoffärtig und aufgeblasen sie sich gegen uns betrug? Ihre Prahlerei nahm gar kein Ende, ihr Stolz ward je länger, je mehr unausstehlich. Merktest du, wie sie nur erst nach großem Kampfe uns von ihren grenzenlosen Reichtümern diese Kleinigkeiten hinwarf und gleich auch unserer Gegenwart überdrüssig war und uns von ihren Winden wieder fortbringen ließ? Aber ich will nicht Weib heißen, will jetzt zum letzten Male Odem geschöpft haben oder sie muß mir dafür büßen! Sie muß hinab, muß mir zum Boden hinab von ihrer stolzen Höhe! Ich hoffe doch, wie's wohl billig wäre, daß unsere Schmach dich ebenso rührt als mich. So laß uns denn gemeinschaftlich auf einen kräftigen Anschlag bedacht sein! Laß uns fürs erste gleich diese ihre Geschenke weder unseren Eltern noch sonst jemand zeigen. Stellen wir uns lieber, als ob wir gar nichts von ihr gehört hätten! Genug, daß wir selbst mehr erfahren haben, als wir wünschen! Was sollen wir noch hingehen, um ihr Glück bei unseren Eltern und bei al-

*len Völkern auszuposaunen. Nein, ein unbekanntes Glück ist
kein Glück.«*
(ebda., V)

Doch Psyche hatte sich derart über den Besuch der Schwestern gefreut, daß sie Amor anflehte, sie noch einmal zu ihr
ins Schloß bringen zu lassen.

»Sei auf der Hut«, warnte Amor sie, »deine Schwestern
werden alles versuchen, um dein Glück zu zerstören. Sie werden dich über mich aushorchen und schließlich dazu überreden, mir ins Gesicht zu schauen. Dadurch aber wirst du mich
verlieren. Du mußt wissen, o Psyche, daß du deiner Liebe
nicht ins Gesicht sehen darfst. Sobald du sie erblickst, und
sei es auch nur für einen kurzen Augenblick, wird sie dich für
immer verlassen!«

Doch Amors Warnungen stießen auf taube Ohren. Psyche
bedrängte ihn so lange, bis er schließlich Zephyrus Anwei-
sung gab, sich wieder auf der Bergspitze einzufinden.

»Nur Mut, stürzt euch vertrauensvoll hinunter«, sagte der
Wind zu den Schwestern, und diese gehorchten sogleich.

Zum zweiten Mal trug der treue Zephyrus nun die Schwestern zum Palast.

*Psyche heißt sie gleich von der Reise auf weichen Polstern
ausruhen, führt sie ins Bad und bewirtet sie in dem herrlich-
sten Saale aufs stattlichste an ihrer Göttertafel.*

*Sie winkt, und die lieblichste Zither läßt sich hören. Sie
winkt wieder, da erhebt sich das sanfte Geflüster wechseln-
der Flöten. Sie winkt noch einmal, und unzählige Stimmen
beginnen den volltönigsten Chor.*

*Die seelenschmelzende Gewalt der süßen Harmonie war
desto zauberischer, unwiderstehlicher, da man niemand sah,
der sie hervorbrachte. Doch blieben die beiden Gäste davon
gänzlich ungerührt. All die himmlische Musik vermochte ihre
Bosheit nicht zu besänftigen. Sie schreiten zur Ausübung ihrer Ränke.*

Verabredetermaßen wenden sie das Gespräch wie von un-
gefähr auf Psychens Gemahl, und, als ob sie das erstemal von
ihm sprächen, tun sie mitten in der Vertraulichkeit wiederum
die Frage: Wer er denn eigentlich wäre, und welches seine Ab-
kunft sei?
(ebda., V)

Der Druck wurde schließlich so stark, daß Psyche nachgab
und den Schwestern eingestand, ihren Gemahl noch nie gesehen zu haben, da er sich nur nachts in der Dunkelheit zu ihr
lege. Hätte sie das bloß nicht gesagt! Die bösen Schwestern
begannen sofort zu weinen:

»Wohl dir, Psyche, daß du hier so in seliger Unwissenheit
von allem Unglück und in ruhiger Sorglosigkeit wegen je-
der dir drohenden Gefahr dahinlebst, indes wir mit zärtlicher
Besorgnis Tag und Nacht für dein Wohl wachen und genug
über dein unseliges Schicksal jammern; auch dürfen wir's
als wahre Mitleidende dir nicht länger verbergen. Wir ha-
ben für gewiß erfahren: Ein großer, ungeheurer Drache, in
verschlungenen Ringen einherkriechend, triefend von Blut
und tödlichem Gifte und gräßlich, mit weitem aufgerisse-
nem, unergründlichem Rachen, soll heimlich die Nächte bei
dir zubringen. Das hat dir nun just auch das pythische Ora-
kel prophezeit; denn du wirst dich erinnern, daß es lautete:
Du solltest einem schrecklichen Ungeheuer vermählt wer-
den. Und Bauern, Jäger und Nachbarn dieser Gegend haben
ihn abends vom Fraße zurückkehren und sich hier im na-
hen Strome baden sehen. Alle sagen, am längsten würde er
dich hier im Wohlleben gemästet haben; sobald nur erst deine
Schwangerschaft völlig zur Reife gediehen, würde er dich, als
einen desto festeren Bissen, verschlingen.«
(ebda., V)

Vergeblich wandte Psyche ein, daß ihr Liebhaber sich keineswegs wie ein Ungeheuer anfühle. »Ganz im Gegenteil«, fügte
sie hinzu, »er hat eine wunderbar zarte und weiche Haut!«

126

Doch die hinterlistigen Schwestern gaben ihr keine Ruhe und überredeten sie dazu, mit einem Schwert und einer Lampe bewaffnet auf den Gatten zu warten. Sie sagten:

»Sobald er heute nacht eingeschlafen ist, schaust du ihm ins Gesicht. Ist er so schön, wie du denkst, dann liebe ihn wie zuvor. Ist er aber ein Monster, wie wir glauben, dann schlage ihm, bevor er dir etwas antun kann, mit diesem Schwert den Kopf ab!«

Leider war ausgerechnet Neugierde Psyches einzige Schwäche. Eigentlich war sie sich ja sicher, daß er wunderschön war, sie fühlte es, spürte es mit allen Sinnen... Doch wie sollte sie der Versuchung widerstehen, dem geliebten Mann, den sie noch nie erblickt hatte, wenigstens ein einziges Mal ins Gesicht zu sehen?

Was soll schon passieren, sagte sie sich, wenn ich nur kurz einmal hinschaue? Und in jener Nacht, *priusque Veneris proelus velitatus* (nachdem die Schlacht der Venus gekämpft war), zündete sie, als seine Atemzüge regelmäßiger wurden, die Lampe an und betrachtete ihn. Er war noch viel schöner, als sie es sich in ihren kühnsten Träumen vorgestellt hatte.

Allein, was entdeckt sie, als nun des Lichtes Schimmer das Geheimnis beleuchtet. Von allen Ungeheuern das holdeste, das liebenswürdigste! Es ist – Cupido. Der süße Gott der Liebe ist es! Da liegt er in all seiner Schönheit. [...] Ach, welch ein Anblick! In der Haare Gold das niedliche Köpfchen eingehüllt. Ambrosiaduftende Locken in zierlichem Gewirre über Rosenwangen und einen Nacken, weiß wie Marmor, hinab auf Brust und Rücken irrend. Umher Glanz verbreitend, daß selbst der Lampe Licht davor erbleicht. Blendendpurpurne Fittiche an den Schultern des kleinen Fliegers, die Schwingen zwar ruhig, aber die zarten Busen der Federn in zitternder Wallung und mutwilliger Unruhe.
(ebda., V)

Von soviel Schönheit überwältigt, beugte sich Psyche zu ihm vor, um ihm einen Kuß zu geben. Doch neigte sie dabei die Lampe, die sie in der rechten Hand hielt, so daß siedendes Öl auf Amors Schulter tropfte.

Weh und Fluch dir, verwegene Lampe! Du erfrechst dich, selbst den Urheber alles Feuers zu brennen? Ist das der Dank, womit du der Liebe lohnst? Sie, die dich schuf, ihren Genuß die Nacht hindurch zu verlängern!

Vor Schmerz springt der Gott aus dem Schlafe auf. Er sieht, wie Psyche schändlich wider ihr Versprechen gehandelt hat, und gleich, ohne ein Wort zu sagen, entflieht er aus ihren Armen. Zwar erhascht ihn das unglückselige Weib noch mit beiden Händen beim Fuß und bestrebt sich, ihn zurückzuhalten. Aber jämmerlich reißt er sie also mit sich empor, bis ihr die Kräfte entgehen und sie dann zur Erde zurückstürzt.

Er flog auf die nächste Zypresse, und aus dem luftigen Wipfel derselben sprach er in heftiger Bewegung also zu ihr hernieder:

»Sieh, was du nun angerichtet hast, zu leichtgläubige Psyche! Ich habe den Befehl meiner Mutter hintangesetzt, und statt dich, nach ihrem Willen, durch Liebe und Ehe dem allernichtswürdigsten der Menschen zu verbinden, bin ich selbst dein Liebhaber geworden. Ja, ich war noch leichtsinniger, ich herrlicher Bogenschütze, habe mich selbst mit meinen eigenen Pfeilen verwundet und dich zu meiner Gattin gemacht, und das alles, damit du mich für ein Ungeheuer hieltest, mit einem Messer mir den Kopf abschnittest, aus dem diese Augen dich so liebevoll anblickten? Ich hatte dir deswegen so oft auf deiner Hut zu sein geheißen, hatte dich immer so wohlmeinend gewarnt. Allein deine trefflichen Ratgeberinnen sollen mir auch auf der Stelle ihren schändlichen Unterricht büßen. Dich aber strafe allein meine Flucht.«

Mit den letzten Worten erhob er sich auf seinen Fittichen in die Luft.

Psyche, am Boden liegend, sah, so weit ihre Augen reich-

ten, *unter entsetzlichem Jammer und Händeringen dem Fluge*
ihres Gemahls nach.
(ebda., V)

Amor konnte Psyches Verhalten zwar verzeihen oder zumindest verstehen, doch an ihren Schwestern wollte er sich nun
rächen. Und nachdem er das Gerücht in Umlauf gebracht
hatte, daß er eine neue Gattin für sich suche, bestellte er die
beiden getrennt zu sich auf die Bergspitze, erzählte jeder, daß
er sie heiraten wolle, und bat sie, sich in die Tiefe zu stürzen.
Doch diesmal war kein Zephyrus da, der sie auf seine Schwingen genommen hätte, und so schlugen die beiden hinterlistigen Schwestern unsanft am Boden auf und brachen sich den
Hals.
    Unterdessen durchstreifte Psyche die ganze Welt auf der Su-
che nach ihrer verlorenen Liebe: Sie betrat die Tempel der
Göttin der Schönheit und fragte die Gläubigen:
    »Habt ihr vielleicht einen wunderschönen Jüngling mit
Locken aus Gold und Silber gesehen? Amor heißt er, Cupido. Er ist Venus' Sohn... und mein Gemahl... doch er hat
mich verlassen... ich bitte euch, helft mir!«
    Doch Amor konnte ihr Flehen nicht hören: Wegen der
Brandwunde durch das heiße Öl (und aus Enttäuschung)
hatte er sich in sein Schlafzimmer eingeschlossen und brütete
nur noch vor sich hin. Ja, er weigerte sich sogar, mit seinen
Pfeilen dafür zu sorgen, daß die Sterblichen sich verliebten.

Eine Seemöwe bekommt das zu wissen. Geschwind taucht sie
sich in den Ozean und fährt bis in die unterste Tiefe hinab,
wo Venus sich eben mit Baden und Schwimmen belustigt.
    Da erzählt sie ihr, ihr Sohn habe sich verbrannt, er liege
am Wundfieber sehr krank, und es sähe mißlich um seine
Wiederherstellung aus. Überhaupt, setzt sie hinzu, stände ihr
Sohn sowohl als auch sie selbst auf der ganzen Welt eben
nicht im besten Rufe. Von ihm sage man, er verbuhle seine
Zeit im Gebirge bei einer Beischläferin, und sie lebe in Herr-

lichkeit und in Freuden beim Okeanus im Bade. Unterdessen gehe es auf Erden bunt zu. Lust, Witz und Grazie seien davon entflohen. Alles sei wild, rauh, ungesittet. Man kenne gar Ehe, Freundschaft und kindliche Liebe nicht mehr. Die abscheulichsten Ausschweifungen und die gräßlichsten Laster herrschten überall.

Also schwatzt der schmähsüchtige Vogel und verleumdet Amor bei seiner Mutter.

»Wie?« ruft Venus voll jähen Zornes mit lauter Stimme aus, »also hätte mein allerliebstes Söhnchen sich schon ein Mädchen zugelegt! Geschwind, sage mir ihren Namen, o du, die du mir allein noch mit Liebe zugetan bist! Nenne mir die, welche den unschuldigen Knaben verführt hat! Ist's eine Nymphe, Hore oder Muse oder eine von meinen Grazien?«

»Das weiß ich nicht«, erwidert die plauderhafte Möwe. »Ich glaube aber, es ist nur eine Sterbliche, in die er verliebt ist; wenn ich mich recht auf ihren Namen besinne, so heißt sie Psyche.«

»Psyche?« versetzt Venus mit zunehmendem Grimm. »Entsetzlich! In Psyche hätt' er sich verliebt, in Psyche, meine Nebenbuhlerin in der Schönheit, die sich meinen Namen angemaßt hat, die ich selbst, sie zu strafen, ihm gewiesen habe! Und verliebt hat er sich in die? So hält er mich wohl gar für seine Kupplerin? Empfindlicher konnte er mich nicht kränken!«

(ebda., V)

Als erstes sperrte Venus ihren Sohn in eine goldene Zelle ein, um ihn daran zu hindern, Psyche zu Hilfe zu kommen. Sie warf ihm Niedertracht vor und drohte ihm an, wenn er nicht sofort aufhöre, an diese Psyche zu denken, werde sie ihn durch einen anderen Sohn, einen Apotivsohn möglicherweise, ersetzen und diesem Köcher und Bogen übergeben.

Dann setzte sie eine Belohnung für die Ergreifung der armen Psyche aus. »Derjenige, der mir Psyche an Händen und Füßen gefesselt bringt, soll als Lohn von Venus sieben zuckersüße Küsse erhalten, darunter, als besondere Gunst, einen Zungenkuß.«

(Apropos Zungenkuß: Um im voraus den möglichen Vorwurf zu entkräften, nicht mit dem nötigen Ernst oder gar zu vulgär zu erzählen, hier das lateinische Originalzitat aus Apuleius' *Metamorphosen: Et unum, blandientis, adpulsu linguae longe mellitum.*
(ebda., VI)

Die Bekanntmachung, die der Götterbote Merkur verbreitete, löste ein enormes Echo aus. Alle Sterblichen (Männer) träumten davon, die arme Psyche zu schnappen. Es war dann aber kein Mann, dem das gelang, sondern eine der Dienerinnen der Venus namens Consuetudo. Als diese ein wunderschönes Mädchen sah, das voller Verzweiflung weinte, fragte sie sie, ob sie zufällig Psyche sei. Und als diese bejahte, schleifte sie sie an den Haaren vor die Göttin der Liebe.

»Ei! So würdigst du mich doch noch endlich, mich als deine Schwiegermutter zu begrüßen! Oder gilt der Besuch etwa dem Herrn Gemahl, dem das glühende Öl, womit du ihn gesalbt hast, so schlecht bekommen ist? Gleichviel, nur näher! Es soll dir darum nicht weniger alle verdiente Ehre widerfahren!«

»Angst, Sehnsucht! Wo seid ihr?« ruft sie jetzt, sich zu ihrem Gefolge wendend. Sie erscheinen sogleich.

»Ich überlasse euch diesen Gast«, spricht sie zu ihnen, »und empfehle ihn euch bestens.«

Beide verstehen nur zu gut ihre Gebieterin. Sie führen gleich Psyche mit sich hinweg und sparen an der armen Unglücklichen weder Geißeln noch andere Qualen. Dann bringen sie sie wieder zur Göttin zurück.

Venus empfängt sie mit neuem Spottgelächter: »Seht nur«, ruft sie aus, »wie sie ihre Schwangerschaft so vorteilhaft zu zeigen weiß, um unser Mitleiden damit zu erschleichen. Die Verschmitzte hat die schwache Seite meines Herzens ausge-

späht! Sie spiegelt mir das süße Glück vor, nun bald Großmutter zu heißen! Wie? Ich? Großmutter? In der Blüte meiner Jahre? Und durch wen? Durch ein so schnödes Geschöpf? Irre dich nicht, du Elende! Deine Brut kann nie Kleinkind der Venus heißen. Wer bist du, daß du dich mit meinem Sohne vermählen könntest? Die Ehe wäre zu ungleich, auch ist sie überdies nicht gültig! Nur auf dem Lande, ohne Zeugen, ohne des Vaters Einwilligung geschlossen! Sie ist null, sie ist nichtig! Nur einen Bastard wirst du zur Welt setzen, wenn ich es anders noch so weit kommen lasse!«

Mit den Worten fliegt sie Psyche ins Angesicht, zerrauft ihr das Haar, reißt ihre Kleidung in Stücke und mißhandelt sie aufs erbärmlichste.

(ebda., VI)

Doch damit hatten die Probleme für Psyche gerade erst angefangen. Bevor sie sie umbrachte, wollte Venus das arme Mädchen noch ein wenig quälen.

»Wenn du Amor wiedersehen willst«, sagte sie, »mußt du vier Aufgaben bewältigen: jene mit den Samen, jene mit der goldenen Schafwolle, jene mit dem geheiligten Wasser und zuletzt jene mit der Büchse der Schönheit. Nur wenn du alle vier Prüfungen bestehst, wirst du meinen Sohn noch einmal in die Arme schließen dürfen, andernfalls erwartet dich der Tod!«

Bei dem Wort »Tod« zuckte Psyche zusammen, und ein Schauer durchlief ihren Körper. Doch die Aussicht, Amor vielleicht wiederzusehen, gab ihr die Kraft, der Göttin zuzuhören.

Die erste Prüfung

»*Da*«, spricht Venus, »*du Scheusal! Sieh zu, ob dir hier deine Emsigkeit eben wie im Buhlen will zustatten kommen! Lies mir dies vermengte Gesäme auseinander! Mache von jegli cher Art einen besonderen Haufen, und eh es noch Abend wird, sei mir damit fix und fertig!«*

Nach so angewiesener Arbeit begibt sie sich zu einem Hochzeitsschmause.

(ebda., VI)

Dieser Haufen war jedoch riesengroß. Da waren Weizenkörner, Samen von Malz und Mohn, Kichererbsen, Bohnen, Linsen und vieles, vieles mehr. Beim Anblick allein verlor Psyche den Mut und machte sich erst gar nicht an die Arbeit, denn es schien wirklich unmöglich, das bis Mitternacht zu schaffen. Vielleicht hätte noch nicht einmal ein ganzer Monat ausgereicht. Wenn nicht...

...die kleine ländliche Ameise, solcher Arbeiten gewohnt, Mitleid mit ihr gehabt und sich empört gefühlt hätte durch die Grausamkeit der Schwiegermutter. Stracks läuft das gute Tierchen hin und her und ruft und bittet in aller Geschwindigkeit sein ganzes benachbartes Geschlecht zusammen: »Erbarmt euch, ihr Kinder der allgebärenden Erde, erbarmt euch Amors schönen Weibes, dem bedrängten holden Mädchen! Schnell! Schnell!«

Wie ein Strom stürzen die Ameisen der Gegend alle, eine über die andere, in Eile herzu. Sie verteilen mit dem größten Eifer den ganzen Haufen nach den einzelnen Arten und verschwinden wieder, nachdem alles verbracht ist.

(vgl. ebda., VI)

Die zweite Prüfung

Als Venus von dem Fest heimkehrte, mit Juwelen behängt, in eine Parfümwolke gehüllt und vielleicht auch ein wenig betrunken, traute sie ihren Augen nicht.

»Wie hast du das geschafft, verfluchtes Weib? Jemand muß dir geholfen haben. Aber was soll's, jetzt geht's an die zweite

Prüfung, und wenn sie dir mißlingt, ist es um dich geschehen!«

Dann warf sie ihr ein Stück altes Brot vor die Füße und fuhr fort:

»Siehst du den Wald da, der bis zum Flusse und den hohen Felsen sich hinzieht? Dort weiden unbewacht fette Schäfchen mit goldenen Vliesen. Stracks gehe hin und sieh zu, wie du mir einen Flocken der kostbaren Wolle herbringst.«
(vgl. ebda., VI)

Psyche wollte sich eben auf die Schafe stürzen, weil ihr die Aufgabe leicht schien, als ein Schilfrohr, das neben der Herde wuchs, sie gerade noch rechtzeitig aufhielt.

»Was hast du vor, Mädchen?«

»Ich will mir etwas von der goldenen Wolle der Schafe dort holen.«

»Schafe sind diese jetzt nicht«, antwortet das Schilfrohr, »sondern wilde Bestien. Denn von der Glut der Sonne erhitzt, toben sie in unbändiger Wut und bedrohen jeden mit spitzem Gehörn, mit harter Stirn und selbst mit giftigen Bissen; aber wenn es abends kühler wird und die Tiere am Wasser ruhen, kannst du unter jener breitblättrigen Platane, die mit mir dasselbe Gewässer trinkt, dich heimlich verbergen; und sobald sich die Wut der Schafe gelegt hat, wirst du da, wo sie sich durch die Zweige des Hains gedrängt, wolliges Gold finden, das hier und da an den Baumstämmen hängengeblieben ist.«
(vgl. ebda., VI)

Psyche tat, wie ihr geheißen, und bestand so auch die zweite Prüfung. Doch Venus gab sich noch nicht geschlagen: Als sie das Mädchen mit der Wolle kommen sah, fauchte sie es an:

Die dritte Prüfung

»Du hast Grund, dich bei deinem Gehilfen zu bedanken, in der Tat, er hat dir gute Dienste geleistet! Doch jetzt auch ein Pröbchen von deinem unerschrockenen Mut und deiner großen Klugheit! Du siehst doch auf dem hohen Berge da die schroffe Felsenspitze so kühn emporstreben? Oben auf derselben strömen schwarze Fluten aus der finstern Quelle und stürzen sich tief in ein verschlossenes Tal hinunter, wo sie den stygischen Pfuhl anfrischen und das dumpfe Getöse des Kocytus unterhalten. Da gehe hin und schöpfe mir mitten aus der Quelle innerstem Strudel diesen Krug voll!«
(ebda., VI)

Psyche macht sich in der Gewißheit auf den Weg, daß sie in dieser steilen Wand ihr trauriges Leben beenden werde. Zu hoch und zu mächtig war der Berg, um ihn aus eigener Kraft zu bezwingen. Sogar die Bäche, die dort niedergingen (und sprechen konnten), rieten ihr, sich nicht an dieses aussichtslose Unternehmen zu wagen.

»Bleib stehen, Psyche, es hat keinen Sinn. Versuche nicht, dort hinauf zu steigen. Du würdest dein Leben verlieren.«

Doch gerade in dem Moment, als sie sich an den Aufstieg machen wollte, stürzte sich ein königlicher Adler vom Himmel zu ihr herab, entriß ihr das Gefäß und brachte es ihr fünf Minuten später mit heiligem Wasser gefüllt zurück.

Die vierte Prüfung

Allein auch hierdurch wurde das rachsüchtige Herz der Göttin nicht gerührt. Vielmehr ergrimmte sie jetzt um so ärger gegen die arme Psyche und trachtete nur eifrig nach ihrem Verderben.

Mit schnödem Spotte hebt sie also zu ihr an: »Ei, ich glaube

gar, du bist eine Zauberin! Mag dir doch unsereins in der
Welt nichts mehr aufgeben, was nicht bloß Kleinigkeit für
dich wäre! Indes, mein Kind, nur noch einen kleinen Dienst.
Da nimm die Büchse, geh damit in die Unterwelt, bis zu des
Orkus finstern Berg hinunter und stelle sie da Proserpinen zu.
Sag ihr dabei: Venus läßt dich bitten, ihr doch so viel von dei-
ner Schönheit zu schicken, als sie auf einen Tag wohl bedarf.
Die ihrige wäre bei der Pflege ihres kranken Sohnes zunichte
geworden. – Komm aber ja bald wieder zurück, denn ich will
sie gleich noch auflegen, um damit in der Versammlung der
Götter zu erscheinen.«
(ebda., VI)

In die Unterwelt hinabsteigen? Wie sollte ihr das gelingen, da
sie noch nicht einmal den Weg kannte? Es fiel ihr nun nichts
mehr anderes ein, als ihrem Leben selbst ein Ende zu setzen
und sich von einem Turm in die Tiefe zu stürzen. Doch da
hörte sie, wie ein Turm zu ihr sprach:

»Warum willst du Ärmste dich von meiner Höhe hinabstür-
zen? Warum verzagst du ohne Grund bei dieser letzten Ar-
beit? Ist deine Seele einmal von deinem Leib geschieden, wirst
du gewiß zum Tartarus kommen, aber auch von dort nie wie-
der zurückkehren. Drum höre auf mich: Lacedaemon, die be-
rühmte Stadt Achaias, ist nicht weit von hier, in ihrer Nach-
barschaft suche das abgelegene Tänarum auf; dort ist die Öff-
nung zur Unterwelt, und durch gähnende Tore führt der un-
wegsame Zugang dahin. Aber leer darfst du diesen Weg der
Finsternis nicht antreten, sondern einen Honigfladen mußt
du in beiden Händen und im Munde zwei Münzen tragen.
Dann wirst du einen hinkenden, mit Holz beladenen Esel
mit einem ebenso hinkenden Eseltreiber treffen, der dich um
Hilfe bitten wird. Aber du gehst schweigend vorüber. Wenn
du dann an den Totenfluß kommst, wird Charon, der in einem
geflickten Nachen die Wanderer auf das andere Ufer bringt,
das Fährgeld verlangen. Diesem schmutzigen Greis wirst du

als Schifferlohn die eine der Münzen geben, die du bei dir
führst, aber so, daß er sie mit seiner eigenen Hand aus deinem
Mund nimmt. Wenn du dann über den trägen Fluß fährst, so
wird euch der Schatten eines Alten nachgeschwommen kom-
men und, die welken Hände erhebend, dich bitten, ihn in das
Schiff zu ziehen. Doch fern sei von dir so ein unzeitiges Mit-
leiden. Dann wirst du auf Zerberus, den dreiköpfigen Höllen-
hund stoßen, der die schwarze Halle der Proserpina bewacht,
und ihm wirst du ein Stück Honigfladen hinwerfen, das an-
dere aber hebe dir für den Rückweg auf.«
(vgl. ebda., VI)

Und dann, und dann, und dann... wie man weiß, lassen
sich solche Geschichten unendlich fortsetzen, unter anderem
auch, weil sie eigens dazu erfunden wurden, um den Kindern
als Gute-Nacht-Geschichten erzählt zu werden. Und so waren auch in unserem Märchen von Amor und Psyche noch
Tausende von Hindernissen zu überwinden. Unsere Hel-
din aber machte alles richtig, ließ sich die gut verschlossene
Büchse mit der Schönheitscreme aushändigen und kehrte zur
Erde zurück.

Nun stand einem Wiedersehen mit dem geliebten Amor
nichts mehr im Wege. Venus selbst hatte ja gesagt: »Nur
wenn du alle Aufgaben bewältigst, wirst du meinen Sohn
wiedersehen.« Und das hatte Psyche, von der ersten bis zur
letzten, getan! Leider war sie von der großen Anstrengung,
die die Erledigung der Prüfungen gekostet hatte, sehr gezeichnet. Ihre Kleider waren zerrissen, ihr Gesicht zerkratzt
und ihre Haare verdreckt. Ein wenig nur von Proserpinas
Creme in der verschlossenen Büchse wäre da schon hilfreich, so dachte sie, um sie wieder so schön, ja noch schöner
als vorher zu machen. Der Turm hatte jedoch gesagt:
»Öffne unter keinen Umständen die Büchse, o Psyche, sonst
mußt du sterben!« Die Büchse der Proserpina enthielt nämlich ein giftiges Gas, das jeden, der es einatmete, zunächst
einschläferte und dann ganz langsam zum Tode führte. Und

genau auf diese Wirkung baute Venus, um Psyche ein für allemal auszuschalten. »Eine Frau, und sei sie noch so schön«, hatte Venus überlegt, »wird niemals der Versuchung widerstehen können, noch schöner zu werden. Vor allem dann nicht, wenn sie ihre große Liebe erwartet!« Und tatsächlich, kaum war Psyche allein, öffnete sie die teuflische Büchse, um sich ein wenig von der Creme zu nehmen ...

Allein wehe! Da ist keine Schönheit, da ist nicht das Geringste darin. Nur ein höllischer Schlaf, ein wahrer Totenschlaf.

Sobald der Deckel geöffnet ist, fährt er hervor, ergreift Psyche, gießt sich in einem Gewölk schwerer Schlummerdünste um all ihre Glieder und streckt sie sofort unbeweglich am Boden hin. Da liegt sie auf dem Wege, eine schlafende Leiche!

Aber Cupido war bereits wiederhergestellt von seiner Wunde und vermochte nicht länger die langwierige Abwesenheit seiner Psyche zu ertragen. Er entschlüpft durch eine Fenster aus der Kammer, worin er eingesperrt gehalten wurde, und seine Flügel, die desto mehr Schwingkraft durch die lange Ruhe erhalten hatten, tragen ihn schneller als je davon, hin zu seiner Psyche.
(ebda., VI)

Zunächst verschloß Amor den Schlaf wieder in der Büchse und schoß dann auf Psyche einen Pfeil, damit sie ihre Augen öffnete. Schließlich brachte er sie in den Himmel zu Zeus, dem Göttervater, der ihr ein Glas Ambrosia zu trinken reichte und dabei sagte:

»Trinke, Psyche, und sei unsterblich! Niemals wird Cupido wieder von dir weichen, denn euch verknüpft von nun an ein ewiges Band.«
(ebda., VI)

Amor und Psyche bekamen eine Tochter, der sie den Namen »Wollust« gaben, und, wie nicht anders zu erwarten, lebte die junge Familie fortan glücklich und zufrieden zusammen, und wenn sie...

Die alte Dienerin hat kaum zu Ende erzählt, als die Banditen von einem Raubzug zurückkehren. Einige klagen lautstark über erlittene Verwundungen, andere verfluchen Zeus, die Berge, den Regen oder die rauhen Gebirgspfade. Sie haben die Beute unterwegs zurücklassen müssen und brauchen jetzt unbedingt Lasttiere, um das Diebesgut zu holen. Also auch unseren Esel, dem solche Arbeiten nie erspart bleiben.

So sieht nun mehr oder weniger Lucius' Alltag aus, bis er sich eines Tages, nach der üblichen Ration Knüppelhiebe und einem mühsamen Transport mit einer besonders schweren Last, ein Bein bricht. An diesem Punkt kommen die Räuber überein, ihn zu töten.

»Wie lange sollen wir diese alte Schindmähre so umsonst füttern?« sagte einer. Ein anderer: »Obendrein bringt er uns nichts als Unglück.« Und wieder ein anderer: »Also abgemacht: Hat er erst, störrisch meinetwegen, die Last hier noch heimgetragen, dann breche ich ihm zuverlässig den Hals und gebe ihn den Geiern zur Beute!«
(vgl. ebda., VI)

Der Esel Lucius versteht natürlich ganz genau, was die Halunken mit ihm vorhaben. Ihm bleibt nichts weiter übrig, als so schnell und so weit wie möglich zu fliehen. Sobald er sieht, daß die Banditen erneut losziehen, zerreißt er den Riemen, mit dem er an die Futterkrippe gebunden war, und tritt die Stalltür ein. Die alte Dienerin versucht, ihm den Weg zu versperren, doch das Mädchen, das die Möglichkeit zur Flucht gekommen sieht, wirft sie zu Boden, läuft dem Esel nach und springt auf.

»Glücklich, daß die Flucht gelungen war«, (erzählt Lucius),
»rannte ich mit der Schnelligkeit eines Rennpferdes, wobei
ich dem Mädchen zärtliche Wörtlein zuzuwiehern versuchte.
Öfter auch, scheinbar um meinen Rücken zu jucken, bog ich
den Hals zurück und küßte die reizenden Füße des Mädchens.
Da sprach sie, tief aufseufzend und das bekümmerte Antlitz
zum Himmel erhoben: ›Ihr Götter droben, bringt mir endlich
Hilfe in höchster Not. Und du, mein Retter, wenn du mich
wohlbehalten nach Hause bringst und meinen Eltern wieder-
gibst, will ich dir Dank und Ehren antragen und dich mit be-
sten Speisen füttern. Deine Mähne will ich tüchtig kämmen
und dich mit meinem Mädchenschmuck schmücken.‹«
(vgl. ebda., VI, 28)

Leider werden sie nach ein paar Stunden schon wieder von
den Räubern geschnappt, und für den armen Esel setzt es Prügel ohne Ende. Doch das Glück hat ihn noch nicht vollkommen verlassen: Der Verlobte des Mädchens nämlich hat sich
in die Bande eingeschlichen, und während eines Geschäftses-
sens im Banditenkreis gelingt es ihm, den Gaunern ein starkes
Schlafmittel in den Wein zu schütten. Wie vom Blitz getroffen sacken sie weg und wachen am anderen Morgen in Ketten
auf, um schließlich abgeurteilt und, wie sie es wohl nicht anders verdient haben, hingerichtet zu werden.

Doch für den armen Lucius wird das Leben auch jetzt nicht
leichter. Seine Herren wechseln ständig: zunächst ist es ein
Betrüger, der sich für einen Priester der Göttin Siria ausgibt,
dann wird er an einen Müller verkauft, danach an einen Gärt-
ner, einen Soldaten und schließlich an zwei Bäcker, wobei
er immer wieder bei allen Stationen ordentlich Knüppelhiebe
einstecken muß.

Während er nun bei den Bäckern ist, geschieht etwas Selt-
sames, das seinem Eselleben eine entscheidende Wende gibt:
Die Bäcker stellen nämlich nach einiger Zeit fest, daß in ihrem Laden immer öfter Kuchen und Gebäck fehlt, und nachdem sie sich zunächst gegenseitig des Diebstahls bezichtigen,

kommen sie dahinter, daß der Esel viel größeren Appetit auf süße Leckereien als auf sein Heu hat. Die Geschichte spricht sich herum, und innerhalb kürzester Zeit entwickelt sich Lucius zu einer regelrechten Jahrmarktattraktion. Seine Herren dressieren ihn dazu (was bei dem Esel-Mensch Lucius nicht schwerfällt), zu nicken und den Kopf zu schütteln, auf bestimmte Signale zu antworten, zu tanzen und sich sogar wie ein normaler Sterblicher am Tisch zum Essen niederzulassen. So macht Lucius Karriere als Schausteller und wird schließlich gegen eine hohe Ablösesumme an einen Impresario, der Gladiatorenkämpfe und ähnliches veranstaltet, abgegeben.

Lucius' Erfolg führt dazu, daß sich eine feine Dame in ihn verliebt, die bereit ist, viel Geld hinzulegen, um eine Nacht mit ihm verbringen zu dürfen. Doch lassen wir uns aus dem Munde des Esels von diesem außergewöhnlichen Erlebnis berichten:

»Eben hatte ich endlich nach der Mahlzeit das Eßzimmer des Herrn verlassen, da fand ich die Dame vor, die schon längst in meinem Schlafraum wartete. Guter Gott, wie hatte man alles vorbereitet, mit welcher Pracht! Vier Eunuchen richten geschäftig aus mehreren weichen Daunenkissen für uns ein Lager am Boden her, breiten auch eine Decke, mit Gold und tyrischem Purpur bestickt, sorgsam aus und türmen noch darüber nicht sehr große, aber zahlreiche andere herrlich duftende Kissen, wie sie feinen Damen als Wangen- und Nackenpolster dienen. Und um die Freuden ihrer Herrin nicht länger hinauszuzögern, schließen sie die Tür des Schlafraums und ziehen sich zurück.

Jetzt legt sie alle Hüllen ab, auch den Halter, mit dem sie ihre schöne Büste hochgebunden hatte, tritt nahe ans Licht und salbt sich ausgiebig aus einem Zinnfläschchen mit wohlriechendem Öl; auch mich reibt sie gründlich damit ein und parfümiert mit besonderer Hingabe meine Nüstern. Dann küßt sie mich stürmisch, und diese Küsse waren keine, wie sie Huren ihren Kunden geben, sondern rein und aufrich-

tig, und dabei murmelt sie Koseworte, wie ›ich liebe dich‹
und ›ich sehne mich nach dir‹ und ›dich allein hab' ich lieb‹
und ›ohne dich kann ich nicht mehr leben.‹«
(vgl. ebda., X, 19–21)

Der arme Lucius fühlt sich natürlich einerseits durch das Verlangen der feinen Dame geschmeichelt, macht sich andererseits aber auch so seine Gedanken, wie sich die bevorstehende Paarung wohl gestalten wird.

»Aber mich plagte eine nicht geringe Angst, wenn ich bedachte, auf welche Weise ich wohl mit so riesig großen Beinen über die feine Dame steigen oder so schimmernd weiße und so zarte, wie Milch und Honig geschaffene Glieder mit meinen harten Hufen umarmen und die zierlichen Purpurlippen mit meinem breiten Maul küssen könnte. Aber vor allem, wie diese Frau, mochte sie auch bis in die Fingerspitzen voll Verlangen sein, tam vastum genitale susciperet.*

Doch kurz darauf, ob man es glaubt oder nicht, zeigte sie mir schon, während sie ›ich hab dich, ich hab dich, mein Täubchen‹ rief, daß meine Bedenken gegenstandslos und meine Befürchtungen umsonst gewesen waren: denn sie umschlang mich so eng sie konnte und prorsus totum recepit.*«*
(vgl. ebda., X, 22)

Der Gatte der edlen Dame hat nichts gegen diese seltsame Liebesbeziehung einzuwenden, im Gegenteil gedenkt er, einen finanziellen Nutzen daraus zu ziehen und eine Art Pornoshow vor Publikum zu organisieren. Doch seine Ehefrau weigert sich, in der Öffentlichkeit aufzutreten, und als er auch sonst kein weibliches Wesen findet, das bereit ist, sich auf einer Bühne mit dem Esel Lucius zu paaren, läßt er sich von den städtischen Behörden eine zum Tode verurteilte Mörderin als Partnerin für den Esel zur Verfügung stellen. Für die Unglückliche verschlechtert sich die Lage dadurch nicht wesentlich, da sie ohnehin »den Tieren zum Fraß vorgeworfen« werden solle. Doch für Lucius sieht die Sache anders aus:

»Mich aber quälte außer der Schande, vor den Leuten ein Beilager zu halten, außer dem Ekel vor den Berührungen der Verbrecherin besonders auch die Todesangst. Denn ich überlegte mir folgendes: Wenn wir gerade im Liebesakt zusammenhängen und man irgendeine Bestie hereinläßt, um das Weib umzubringen, warum sollte das wilde Tier dann so bieder und enthaltsam sein, daß es das an meiner Seite liegende Weib zerreißt und mich als nicht verurteilt und nicht schuldig verschont?

So war ich also nicht mehr um meine Anständigkeit, sondern um mein Leben selbst in Sorge. Und da niemand glaubte, einen so zahmen Esel besonders bewachen zu müssen, und der Wärter damit beschäftigt war, unser Lager ordentlich herzurichten, setzte ich allmählich und verstohlen einen Fuß vor den andern, erreichte das nächste Tor und stürmte, hast du nicht gesehen, davon. In einem Saus legte ich Hals über Kopf sechs volle Meilen zurück und kam bis zu der glänzenden Stadt Kenchreä, die vom Ägäischen Meer bespült wird. Ich mied aber das Gewühl und suchte mir am Strand eine entlegene Stelle, wo ich meine müden Glieder ausstreckte und bald in süßen Schlummer fiel.«
(vgl. ebda., 34–35)

Im Traum sieht er, wie eine wundersame Frauengestalt mit langem, sanft gelocktem Haar aus dem Meer auftaucht. Diese Frau wird ihm die Rettung bringen, denn es ist die von allen Ägyptern verehrte Göttin Isis persönlich. Über ihrer Stirn trägt sie eine runde, mondförmige Scheibe, die wie ein Spiegel in hellem Licht erstrahlt.

»Sie trug ein farbenstrotzendes feines Leinengewand, bald leuchtendweiß wie der Tag, bald im Gelb der Krokusblüte, bald in flammendem Rosenrot. Am auffallendsten aber war

ihr nachtschwarzer Mantel, auf dem unzählige Sterne fun-
kelten.

›Sieh mich an, Lucius‹, sagte die Herrin aller Elemente, ›aus
Erbarmen mit deinen Nöten bin ich da, bin da in Gnad und
Huld. Laß jetzt das Weinen und laß gehen die Klagen, den
Gram wirf ab. Jetzt dämmert dir dank meiner Hilfe der Tag
der Rettung herauf. Höre also nun und gib wohl acht, was
ich dir befehle: In Kenchreä ist der morgige Tag mir geweiht
und wird mit zahlreichen Prozessionen begangen. Während
der Feier wird ein Priester auf mein Geheiß einen Kranz aus
Rosen tragen. Bist du dann nahe, so rupfe friedlich, als woll-
test du dem Priester die Hand küssen, die Rosen ab. Und im
Nu wirst du die Haut dieses schlimmen und mir schon immer
widerlichen Ungetüms los und wieder der schöne, große Jüng-
ling von einst sein. Doch mußt du dir dessen ganz bewußt sein
und es immer mit allen Fasern deines Herzens festhalten: Mir
ist der Rest deines Erdenlaufs bis zum allerletzten Atemzug
verfallen!‹«
(vgl. ebda., XI, 5–6)

Lucius befolgte haargenau alle Anweisungen, erlangte seine
Menschengestalt wieder und war fortan ein Priester der Göttin Isis.

VII

Vom Pech, zu schön zu sein

Zu schön zu sein kann manchmal genauso tragische Folgen haben wie ein häßliches Äußeres. Um das bestätigt zu finden, braucht man nur an Marilyn Monroes Schicksal zu denken. Wir wollen hier aber nicht zu weit abschweifen und uns daher mit den traurigen Geschichten einiger junger Leute aus der antiken Mythologie befassen, die wegen ihrer Schönheit berühmt waren.

Der Mythos von Adonis

Adonis ging aus der inzestuösen Verbindung seiner Mutter Myrrha mit seinem Großvater Cinyras hervor. Die Begebenheit gehört zu jenen heiklen Geschichten, die gewöhnlich hinter vorgehaltener Hand erzählt wurden, wenn die Kinder schon im Bett waren. Sogar Ovid, der ja sonst nicht zimperlich ist, schickt den Ereignissen in seinen *Metamorphosen* einige distanzierende Bemerkungen voraus.

Von Grauenhaftem will ich singen: Hinweg, ihr Töchter, hinweg, ihr Väter, oder – wenn meine Lieder euer Herz bezaubern – verweigert mir hierin den Glauben, o glaubt nicht, daß solches geschah. Glaubt ihr es aber, dann glaubt auch an die Strafe für die Tat.
(vgl. Ovid: *Metamorphosen*, X, 300–304)

Nach dieser Einleitung, die eigentlich nur den Zweck hat, den Bannstrahl der Zensoren zu vermeiden, erzählt Ovid uns die Geschichte von Myrrha, dem jungen Mädchen, das sich in seinen Vater verliebte. Dem Dichter zufolge war Myrrha sich ihrer Schuld voll und ganz bewußt.

Von allen Männern darf nur der eine es nicht sein! Myrrha spürt es, wehrt sich gegen ihre schimpfliche Liebe und spricht zu sich selbst: »Wohin treibt mich mein Herz? Was hab' ich im Sinn? Ihr Götter, du, frommer Kindersinn, und ihr geheiligten Rechte der Eltern! Ich bitte euch: Verhütet diese Untat, widersteht meinem Frevel – wenn dies überhaupt ein Frevel ist. Die übrigen Lebewesen vereinigen sich wahllos, und für eine junge Kuh gilt es nicht als Schande, den Vater auf dem Rücken zu tragen; der Hengst begattet seine Tochter, und der Bock bespringt die Ziegen, die er gezeugt hat. Weit möchte ich von hinnen fliehen, das Gebiet des Vaterlandes verlassen, nur um dem Frevel zu entrinnen.«
(vgl. ebda., X, 320–342)

Dann klagt sie sich selber an:

»Du pflichtvergessene Tochter, merkst du nicht, wie viele Rechte, wie viele Begriffe du vermengst? Willst du Nebenbuhlerin deiner Mutter, Nebenfrau deines Vaters sein? Schwester deines Sohnes, Mutter deines Bruders heißen?«
(vgl. ebda., X, 345–349)

Myrrhas Verzweiflung war so groß, daß sie sich keinen anderen Rat als Selbstmord mehr wußte. Sie hatte sich die Schlinge schon um den Hals gelegt, als sie von ihrer Amme überrascht wurde. Nach langem Hin und Her gelang es der Alten schließlich, das Mädchen dazu zu bewegen, die Ursache ihres Kummers zu gestehen. Und um sie von ihrem Vorhaben abzubringen, versprach sie ihr, ein Rendezvous mit dem geliebten Vater zu organisieren.

Da nun die Mutter des Mädchens, eine gewisse Cenchreis, anläßlich des Ceresfestes ein neunmonatiges Keuschheitsgelübde abgelegt hatte und nicht mehr mit ihrem Gatten Cinyras ins Bett ging, schlug die Amme diesem vor, doch die Gelegenheit zu nutzen und sich mit einer blutjungen Jungfrau zu vereinen. Einzige Bedingung: Er dürfe ihr Gesicht nicht sehen.

»Wie alt ist sie?« fragte Cinyras.
»Sie ist so alt wie deine Tochter Myrrha«, antwortete die Amme.
(vgl. ebda., X, 444)

Alles verlief nach Plan, und so verbrachten Vater und Tochter einige leidenschaftliche Nächte miteinander.

Der Vater empfängt sein eigen Fleisch und Blut auf entweihtem Lager. Vielleicht hat er auch, ihrem Alter entsprechend, »Mein Kind!« zu ihr gesagt, und sie zu ihm »Vater«, damit bei dem Verbrechen die rechten Namen nicht fehlen. Vom Vater geschwängert, verläßt sie die Kammer und trägt den Samen der Blutschande in ihrem fluchbeladenen Leibe, die Saat ihrer Sünde.
(vgl. ebda., X, 465–470)

Eines Nachts jedoch griff Cinyras, voller Neugier, seine Geliebte endlich kennenzulernen, zu einer Lampe und erhellte das Gesicht des Mädchens. Als er sah, daß es sich um seine Tochter handelte, zog er außer sich vor Wut sein Schwert und jagte sie durch das ganze Haus und die nahen Wälder. Er hatte sie schon fast erwischt, als Myrrha die Götter um Hilfe anflehte:

»Ihr Götter! Hat einer von euch ein Herz für Menschen, die ihre Schuld bekennen, so hört: Ich habe schwere Strafe verdient und nehme sie auf mich. Aber damit ich nicht, wenn

ich überlebe, die Lebenden, und wenn ich sterbe, die To-
ten kränke, so vertreibt mich aus beiden Reichen, verwandelt
mich und verweigert mir so Leben und Tod.«
(vgl. ebda., X, 483–487)

Die Götter ließen sich erweichen und verwandelten sie in
einen Baum. Doch trotz der Verwandlung trafen sie die
Schwerthiebe des Vaters, und aus den Wunden tropfte ein
Harz, das nach ihr »Myrrhe« genannt wird.

Nach neun Monaten bekam der Baum Risse, und durch
einen Spalt in der Rinde wurde ein Kind geboren: Adonis.

Aphrodite, verzaubert von der Schönheit des Knaben, ver-
steckt ihn vor den Göttern in einer Kiste und bringt ihn zu
Persephone in die Unterwelt, die ihrerseits, sobald sie des Kin-
des ansichtig wird, in ihrem Herzen entschließt, es nie wieder
herzugeben.
(vgl. Apollodorus von Athen, III, 4)

So vergingen die Jahre, und Adonis wuchs zu einem wunderschönen Jüngling heran, in den sich praktisch alle Frauen verliebten:

Unmerklich eilt die flüchtige Zeit dahin, und nichts vergeht
schneller als die Jahre. Er, der Sohn seiner Schwester und
seines Großvaters, erst vor kurzem unter der Baumrinde ver-
borgen, erst vor kurzem geboren, ist schon bald das schönste
Kind, schon Jüngling, schon Mann; schon übertrifft er sich
selbst an Schönheit, und sogar Aphrodite verliebt sich in ihn.
(vgl. Ovid: *Metamorphosen*, X, 519–524)

Die Leidenschaft zwischen Adonis und Aphrodite entbrannte
mit aller Macht und vertrieb einen anderen Geliebten aus dem
Herzen der Göttin, den Kriegsgott Ares nämlich, der natürlich nicht damit zufrieden sein konnte, wie die Dinge sich entwickelt hatten. Aber Adonis war eben schöner als er, zärt-

licher und liebevoller, und deswegen war er nicht nur für Aphrodite, sondern auch für fast alle anderen Frauen des antiken Griechenlands der Traummann schlechthin.

Achtzehn oder neunzehn Jahre zählt dieser Jüngling: Seine Küsse kratzen nicht, denn noch steht ihm blonder Flaum über den Lippen. Doch sie freue sich nicht zu früh, die Göttin, denn wenn der Tau fällt, werden wir ihn rauben und mit uns führen, dorthin, wo die Wogen schäumend ans Ufer schlagen, um dann, die Gewänder bis zu den Knöcheln hinuntergestreift, die Haare gelöst und mit nackter Brust ein Lied der Liebe anzustimmen.
(vgl. Theocritus: *Idyllen*, »Die Frauen auf dem Fest des Adonis«, 130–137)

Wie schon erwähnt, hatte sich auch Persephone in Adonis verliebt, und binnen kürzester Zeit nahm der Streit zwischen den Göttinnen solch krasse Formen an, daß der Göttervater selbst Wind davon bekam. Wenn es nun eine Sache gab, die Zeus absolut unerträglich fand, dann waren das Zwistigkeiten unter Frauen seines Hofes. Vor allem dann, wenn es um Bettgeschichten ging. Da er sich selbst in dieser typisch weiblichen Angelegenheit aber nicht zuständig fühlte, sondern die Sache nur schnell aus der Welt schaffen wollte, überließ er es den Musen, mit einem Schiedsspruch den Streit zu schlichten. Und das Urteil lautete:

»Der Jüngling soll vier Monate des Jahres mit Aphrodite verbringen, vier mit Persephone und vier Monate allein oder mit wem er will!«

Aphrodite aber gab sich mit den ihr zugestandenen vier Monaten nicht zufrieden. Als sie merkte, daß sie dem Ende zu gingen, legte sie ihren berühmten Verführungsgürtel an, durch den sich jeder sofort in sie verliebte, und brachte auf diese Weise Adonis dazu, weitere vier Monate bei ihr zu bleiben. Persephones Reaktion können wir uns vorstellen. Wie eine Furie rauschte sie zu Ares und erzählte ihm von dem erneuten Ehebruch seiner Frau. Nun konnte auch Ares seine Wut nicht mehr bezähmen, verwandelte sich in ein riesiges Wildschwein und tötete seinen jungen Rivalen während eines Jagdausflugs.

Der Dichter Bion erzählt, daß der Tod ihres Geliebten Aphrodite in tiefste Verzweiflung trieb. Als sie ihn leblos zu Boden sinken und alle viere von sich strecken sah, beugte sie sich über ihn und weinte so viele Tränen, wie Blutstropfen aus seinen Wunden flossen. Und während sich ihre Tränen auf dem Boden in Rosen verwandelten, wurden Adonis' Blutstropfen gleichzeitig zu zarten Anemonen.

Mit Aphrodite weinten zahlreiche Frauen. Sie bildeten lange Trauerzüge, die durch die Wälder streiften und viele Tage und viele Nächte Klagelieder sangen.

> *Ach, Adonis stirbt hin, jugendlich schön!*
> *Kypris, was tun wir?*
> *Schlaget die Brust euch und reißt,*
> *Mädchen, entzwei eure Gewänder!*
> (Sappho: *Fragment*, 107)

Der Mythos von Tithonos

Dem wunderschönen Tithonos erging es in gewisser Hinsicht sogar noch schlechter. Sein erster Fehler war es, zu früh morgens aufzustehen. Allerdings war er Fischer, und für diese Berufsgruppe gehört das Aufstehen in aller Herrgottsfrühe nun einmal zum Alltag. Da nun von den Göttinnen des Olymps natürlich Eos, die Göttin der Morgenröte, die Frühaufsteherin war, ist es nicht verwunderlich, daß sie sich eines Tages (ich sehe dich heute, ich sehe dich morgen...) unsterblich in den schönen Tithonos verliebte.

Zu jener Zeit waren die Göttinnen auch nicht zurückhaltender als ihre männlichen Kollegen. Daher überlegte Eos nicht lange, raubte Tithonos und nahm ihn mit sich nach Äthiopien.

Und dem Tithonos gebar Eos
Memnon, gewappnet in Erz,
Der Aithiopen König
Und Emathion, den Fürsten.
(Hesiod: *Theogonie*, Verse 984 ff.)

Ihr Glück wäre vollkommen gewesen, wenn sie nur der gleichen Rasse angehört hätten. Leider war sie aber eine Unsterb-
liche und er ein armer Fischer, der, trotz seiner Schönheit, dazu
verurteilt war, irgendwann einmal zu sterben. Daher kam Eos
auf die Idee, sich an eine höhere Stelle zu wenden:

Und sie eilte zu bitten den schwarzumwölkten Kronion,
Ihm unsterbliches Leben für alle Zeiten zu schenken.
Nickend gewährte es Zeus und gab ihren Wünschen
Erfüllung.
(Homer: *Hymnus an Aphrodite*, Verse 220–222)

Zuvor hatte Zeus jedoch der Eos noch dringend von ihrem
Wunsch abgeraten:
   »Überlege es dir gut, o Tochter des Hyperion«, sagte er, »ob
du dir für Tithonos wirklich Unsterblichkeit wünschst. Du
weißt ja, daß ich dir nur eine Bitte erfüllen kann.«
   Doch Eos ließ sich nicht dreinreden und vergaß dabei, sich
neben der Unsterblichkeit auch ewige Jugend für ihren Geliebten zu wünschen.

O die Törin! Es hat die hohe Eos vergessen
Jugend für ihn zu erflehen, die Runzeln des Alters
    zu glätten.
Ja, solange ihm noch die liebliche Jugend verliehen,
Wohnte er froh bei der frühgeborenen, goldenen Göttin
Neben Okeanos' Strom an den äußersten Enden
    der Erde.
Aber sobald ihm einmal das Haar zu bleichen begonnen,

An dem edlen Kinn und auf dem herrlichen Haupte,
Da entzog seinem Lager sich ferner die göttliche Eos.
(ebda., 223–231)

Kurzum, als die »Konkubine des alten Tithonos«, wie Dante sie genannt hat, sah, daß ihr Geliebter alt wurde, zögerte sie nicht, ihm gnadenlos den Laufpaß zu geben. Was natürlich auch nicht ganz unverständlich ist: Tithonos war mittlerweile, zumindest als Liebhaber, nicht mehr zu gebrauchen. »Und wozu noch leben«, fragt sich Mimnermos, ein griechischer Dichter aus dem siebten Jahrhundert v. Chr., »wenn man zu alt ist, um noch das Feuer der Leidenschaft zu spüren?«

Der Tod möge kommen,
wenn mir die geheime Freude,
das zärtliche Beieinander
der Körper im Bett, verwehrt ist.
Ach, wie schnell welkt
beim Mann und beim Weibe
die Blüte der Jugend!
Ohne Gnade verdunkelt
eine Wolke der Angst
die Seelen, wenn das
verhaßte Alter heraufzieht.

In welchem Alter muß man sich nun zum alten Eisen zählen? In dieser Frage hat Mimnermos klare Vorstellungen:

Schicksal des Todes,
ereile mich
mit sechzig Jahren,
bevor Krankheit
und dunkle Schlaflosigkeit
mir mein Leben vergällen.

Sechzig Jahre erscheinen mir persönlich ganz schön wenig. Natürlich ist Schlaflosigkeit nicht gerade angenehm, aber es bleiben doch immer noch genug schöne Dinge, für die es sich zu leben lohnt, Dinge, die sogar erfüllender als Sex sein können, vor allem dann, wenn sich mit dem höheren Alter die Genußfähigkeit des Menschen verfeinert hat.

Tithonos hatte nun schon um einiges das Jahrhundert überschritten, und daher sperrte ihn Eos endgültig in eine unterirdische Zelle. Sein Essen reichte sie ihm nur noch durch eine Öffnung in der Zellentür, weil sie seinen Anblick und vor allem seinen Geruch einfach nicht mehr ertrug. Tithonos war nämlich im Laufe der Zeit nicht nur immer runzliger und gebrechlicher geworden, sondern strömte auch einen fürchterlichen Leichengeruch aus... kurzum, er war eklig geworden.

Der Unglückliche wäre ja nur zu gerne wie alle Sterblichen gestorben, um endlich seinen ewigen Frieden zu finden, doch es wollte ihm einfach nicht gelingen. Egal, ob er sich von einem Felsen in die Tiefe stürzte, Feuer an sich legte oder in eine Schlangengrube kletterte, gegen die verordnete Unsterblichkeit war kein Kraut gewachsen. Er verletzte und verbrannte sich zwar und wurde von den Reptilien gebissen, aber er starb nicht. Wie auch, er war unsterblich!

Zu altern und niemals zu sterben,
dies war die Strafe,
die Zeus Tithonos auferlegte:
ein Schicksal, bitterer
als der Tod selbst!
(Mimnermos: *Elegien*)

Der Mythos von Pyramus und Thisbe

Bis auf Adam, der ja keine Vorgänger hatte, haben fast alle Autoren, der eine mehr, der andere weniger, bei früheren Dichtern abgeschrieben. Manchmal unbewußt möglicherweise, doch abgeschrieben haben sie alle. Einer, der in dieser Beziehung sehr wenige Hemmungen hatte, war William Shakespeare: Sein Drama *Romeo und Julia* orientiert sich sehr eng an der traurigen Geschichte von Pyramus und Thisbe, einem babylonischen Märchen von einem jungen Liebespaar, dessen Familien sich bis auf den Tod hassen.

Pyramus, *juvenum pulcherrimus* (»der schönste der jungen Männer«), und Thisbe, *praelata puellis* (»herrlicher als alle Mädchen im Orient«), wohnten im selben Haus. Und durch diese Nachbarschaft lernten sie sich natürlich auch kennen. Zunächst sahen sie sich über den Hinterhof am Fenster stehen, dann trafen sie sich im Treppenhaus, gaben sich schließlich die ersten Küsse und verliebten sich (wie hätte es anders sein können?) leidenschaftlich ineinander.

Leider waren aber ihre Familien, wie schon gesagt, durch einen tiefen Haß getrennt. Dieser Haß war so alt, daß niemand mehr zu sagen wußte, woher er kam, und dennoch war er im Laufe der Generationen immer blindwütiger und unversöhnlicher geworden.

Als Pyramus und Thisbe nun eines Tages beim Küssen überrascht wurden, versuchte man sie zu trennen und sperrte sie in verschiedenen Abstellräumen im Keller des Hauses ein. Trotzdem konnten sie sich weiter Liebesworte zuflüstern, denn die Trennwand zwischen ihren Zellen hatte einen feinen Riß, den niemand bemerkt hatte. Bis auf die beiden Liebenden. Aber, um es mit Ovid zu sagen, *quid non sentit amor?* Was merkt Liebe nicht?

»Neidische Wand«, sagten sie oft, »was stehst du den Liebenden im Wege? Wie wenig würde es dir ausmachen zu erlauben, daß wir uns mit dem ganzen Körper vereinigen oder, wenn dies zu viel verlangt ist, wenigstens so weit offenzustehen, daß wir uns küssen könnten! Doch sind wir nicht undankbar, wir bekennen: Dir verdanken wir es, daß die Worte den Weg zum Ohr des Geliebten finden.«
(vgl. Ovid: *Metamorphosen*, IV, 73–77)

Kurzum, die Liebe läßt sich nicht in Ketten legen, wie es auch in einem neapolitanischen Volkslied heißt. Und so schmiedeten die beiden Liebenden Pläne zur Flucht und überlegten sich, daß sie ihre jeweiligen Gefängniswärter, wenn sie ihnen das Essen brachten, überwältigen und knebeln wollten, um so gemeinsam zu entkommen. Bei Thisbe sah dieses Unternehmen relativ einfach aus, denn die Amme, die auf sie aufpaßte, war eine gutherzige, wahrscheinlich auch etwas naive alte Frau, der man leicht würde die Schlüssel entwenden können. Aber auch Pyramus fand einen Weg zur Flucht, indem er den Wärter der Nachtwache einfach bestach.

Nach der Flucht wollten sich die jungen Liebenden im Wald am Grabe des Ninus bei einem großen Maulbeerbaum treffen, der schneeweiße Früchte trug.

Listig dreht Thisbe in der Dunkelheit die Tür in den Angeln, geht hinaus, ohne daß die Ihren es bemerken. Mit verschleiertem Gesicht gelangt sie zum Grabhügel. Schon hat sie sich unter dem verabredeten Baum niedergelassen, siehe, da kommt eine Löwin, deren schäumender Rachen mit frischem Blut besudelt ist, um ihren Durst am Wasser der benachbarten Quelle zu löschen. Von fern sieht Thisbe sie im Mondschein und flieht mit bangendem Herzen in eine dunkle Höhle. Auf der Flucht gleitet ihr aber der Mantel von den Schultern, und sie läßt ihn zurück. Sobald die wilde Löwin ihren Durst mit viel Wasser gestillt hat, findet sie zufällig auf dem Weg den feinen Umhang ohne das Mädchen und zerfetzt ihn mit ihrem blutigen Maul.
(vgl. ebda., IV, 93–104)

Pyramus war spät dran, weil er eine Zeitlang auf den bestochenen Wächter hatte warten müssen. Eine halbe Stunde nach Thisbe erreichte er die Quelle, schaute sich um und erblickte unter dem Maulbeerbaum den zerrissenen und blutbeschmierten Umhang seiner Geliebten. Und nicht weit entfernt davon die Umrisse eines Löwen.

»Was habe ich getan?« sprach er. »Du hättest es wahrhaftig verdient, lange zu leben; doch meine Seele ist voller Schuld, denn ich habe dich, Bejammernswerte, getötet, da ich dich bei Nacht in eine gefährliche Gegend kommen ließ und nicht als erster hierher kam. Ich habe mein Leben verwirkt, diese eine Nacht wird zwei Liebende vernichten.«
(vgl. ebda., IV, 108–110)

Mit diesen Worten hob er den Mantel auf, führte ihn an seine Lippen, küßte ihn voller Leidenschaft und machte dann mit einem kurzen Dolch seinem Leben ein Ende. Sein Blut tränkte die Wurzeln des Maulbeerbaumes, dessen Früchte sich daraufhin von Weiß in Schwarz verfärbten.

Siehe, der Schrecken sitzt Thisbe noch in den Gliedern; aber sie kehrt zurück, um den Geliebten nicht zu enttäuschen. Ihr Auge, ihr Herz suchen den jungen Mann. Und sie brennt darauf, von der großen Gefahr zu erzählen, der sie entgangen ist. Zwar erkennt sie den Ort und die Umrisse des Baumes, doch die Farbe der Früchte läßt sie zögern. Sie ist unsicher, ob es der richtige ist. Während sie noch zweifelt, sieht sie zuckende Glieder den blutigen Boden schlagen. Da tritt sie etwas zurück und hält inne: Sie hat ihren Geliebten erkannt. Da ruft sie: »O Pyramus, welches Unglück hat dich mir geraubt? Pyramus, antworte! Deine Thisbe ruft dich beim Namen, Liebster! Höre mich und hebe dein Gesicht vom Boden!«
(vgl. ebda., IV, 128–142)

Doch Pyramus antwortete nicht. Mit schwindender Kraft öffnete er die Augen und warf ihr einen letzten Blick zu. Da küßte sie ihn auf die Lippen, zog ihm den Dolch aus dem Leib und setzte ihn sich an die Brust. Dann sprach sie:

»Deine eigene Hand und die Liebe haben dich, Unglücklicher, vernichtet! Auch ich habe eine Hand, und für dies eine wird sie tapfer genug sein. Auch in mir ist Liebe, und sie wird

mir Kraft geben, dir zu folgen und deine Gefährtin im Tode zu sein. Du aber, Baum, der du jetzt den bejammernswerten Leib eines Menschen und bald deren zwei mit deinen Zweigen beschirmst – behalt du die Zeichen des Mordes, trage stets dunkle, trauerfarbene Früchte. Und ihr, vom Unglück geschlagene Väter, der meine und der deine, um dies eine will ich euch bitten: Da uns treue Liebe, da uns die letzte Stunde verband – mißgönnt uns nicht, im selben Grab bestattet zu werden!«

Sprach's, hielt sich die Klinge unter die Brust und stürzte sich in den Dolch, der noch vom Mordblut warm war.
(vgl. ebda., IV, 148–163)

Auch Julia fand ihren Romeo, als dieser sein Leben aushauchte, auch sie küßte ihn auf die Lippen, auch sie murmelte, neben dem sterbenden Geliebten kniend, ergreifende Worte der Liebe, und auch sie stach sich den Dolch in die Brust. Und trotzdem ist wohl nicht ganz richtig, was ich einleitend gesagt habe: Hat Shakespeare wirklich von den Babyloniern abgeschrieben, oder ist es nicht vielmehr der Gott der Liebe, der all seinen Opfern die gleichen Sätze in den Mund legt, so daß sich unabhängig von der Epoche, in der sie leben, alle Verliebten letztendlich ganz ähnlich verhalten? Mögen sie arm oder reich sein, die Straßenbahn oder das Flugzeug nehmen, sich von Balkon zu Balkon oder übers Handy unterhalten, durch Shakespeare oder durch einen Schlager unsterblich werden, es läuft doch immer darauf hinaus, daß sie sich schließlich in die Arme fallen und seufzen: Ich liebe dich!

LITERATURVERZEICHNIS

Bei den meisten im Text abgedruckten Zitaten handelt es sich um keine wörtlichen; vielmehr wurden sie vom Autor in seinem Sinne bearbeitet. Die folgende Literaturliste möge den Leser jedoch anregen, sich mit den klassischen Autoren, auf die sich der Verfasser bezieht, näher zu beschäftigen.

Lucius Apuleius: Der goldene Esel. In der Übersetzung von August Rode. München 1961

Dante Alighieri: *Die Göttliche Komödie.* In der Übersetzung von Karl Vossler. München 1971

Hesiod: *Theogonie.* In der Übersetzung von Walter Marg. Zürich 1970

Hesiod: *Hymnus an Aphrodite.* In der Übersetzung von Thassilo von Scheffer. Aus: *Die Homerischen Götterhymnen* © *Sammlung Dieterich Verlagsgesellschaft mbH, Leipzig 1948, 1992. Abdruck erfolgt mit freundlicher Genehmigung des Verlags.*

Homer: *Ilias.* In der Übersetzung von Johann Heinrich Voß. München 1989.

Homer: *Odyssee*. In der Übersetzung von Johann Heinrich Voß. München 1996.

Novellino. Herausgegeben und erläutert von Ulrich Seelbach. In: Bibliothek des Literarischen Vereins Stuttgarts, Band 311: *Die Erzählungen aus den Mittleren Zeiten*. Abdruck erfolgt mit freundlicher Genehmigung des Anton Hiersemann Verlags, Stuttgart.

Ovid: *Ars Amatoria*. Liebeskunst. In der Übersetzung von Michael von Albrecht. Stuttgart 1992.

Ovid: *Heroides*. Briefe der Sagenfrauen. In der Übersetzung von Heinrich Naumann. München o. J.

Ovid: *Metamorphosen*. In der Übersetzung von Reinhart Suchier. München o. J.

Ovid: *Tristia*. In der Übersetzung von Georg Luck. Heidelberg 1967.

Platon: *Sämtliche Werke*. In der Übersetzung von Friedrich Schleiermacher. Reinbek bei Hamburg 1986.

Angelo Poliziano: *Die Tragödie des Orpheus*. In der Übersetzung von Rudolf Hagelstange. Wiesbaden 1956.

Theocritus: *Idyllen*. In der Übersetzung von Karl August Kütner. Leipzig 1772.

Vergil: *Aeneis*. In der Übersetzung von Michael von Albrecht. München 1993.

Vergil: *Georgica*. Vom Landbau. In der Übersetzung von Heinrich Naumann. München 1970